# 先輩教師になったら読む学級経営の本

多賀一郎 著

学事出版

# はじめに

## 初日から学級づくりははじまっている

初任者教育はいつからはじまるのかというと、4月のはじめ、新年度のスタートの日からです(最近は、神戸市のように、採用前の2月～3月にかけて新採教員の研修を行うところも出てきましたが……)。

子どもたちが登校してくるまでの約1週間の間、初任の先生は、校務分掌の仕事、学年の打ち合わせ、学級事務等に忙殺されます。1週間なんて、あっという間に過ぎてしまいます。

しかし、その忙しい中でも、経験ある先生方は新年度の準備を着々と進めています。特に、学級づくりについては、

「今年はこういうクラスにしていこう。」

「去年の反省から、今年のスタートはこういうふうにやっていく。」

等と、自分の思いを新しいクラスに重ねてさまざまな工夫をこらそうとします。

初任の先生には、そこまでの準備はできません。

ところが、学級は初日からつくられていくのです。

・子どもたちとの初めての出会いに対して、どんな言葉をかけるのか

・学級の方針をどう子どもたちに伝えていくのか

等ということを初日から3日間で行わなくてはならないのです。そして、そのやり方次第によっては、子どもたち同士の心が離れ、学級づくりが難しくなっていくのです。初任者の学級崩れは、初日からはじまるのです。

では、初任者に学級のスタートをどう切るかを考えさせて、初日からつまずかないように指導するのは、誰なのでしょうか？

もちろん初任者指導教員や拠点校指導教員の先生にはその責任がありますから、そばで指導してあげるべきでしょう。

一緒に学年を持つ先輩には、初任の先生の学級に対して責任はないのでしょうか？　管理職は、そんなことには口出ししなくてよいのでしょうか？　今の学校は学級担任にすべて責任を押し付けて学級王国でやっていく時代ではなくなっているのです。初任の先生に関わる先生たちは、みんなが若い先生を育てる一翼を担っていると考えなければならないのです。

初仕の先生は、その地域の教育を40年にわたって担っていくであろう宝物なのです。しかし、その宝物はまだ磨かれないままの原石です。原石を磨くのはその先生に関わるすべての先輩の手によるのです。

**この本では、学級づくりの基礎基本の在り方について、どう指導していくのかを細かく語りました。**

教育、特に子どもに関することはマニュアル通りにはいきません。

それでも、身につけていくべき基礎基本というものはあります。それをどう教えていくのか、そこが大切になってきます。今の若い先生はメンタルがそれほど強くありません。指導する先生のメンタルに気をつけながら育てていかねばならないのです。

つまり、**教師教育者は、「教師のメンター」**（後述）なのです。

新しい先生方が3年間勤めあげて、それからの教師としての道を歩んでいけるように、この本を活用していただきたいと、切に願います。

多賀　一郎

先輩教師になったら読む学級経営の本

# もくじ

# 序章
# 教師のメンター
# 7つの心得

# 1　教師のメンターとは何か

「メンター」とは「指導者」とか「助言者」と訳される言葉です。

自身が手本となって、仕事の指導役という立場だけではなく、精神面のサポートもするのが「メンター」です。

「教師のメンター」には、管理職をはじめ主任など上位の立場の人たちの他に、現場にいるすべての先輩教師たちも含まれます。

「教師教育者」と言ってしまうと、なんだか若者に対して、上からきっちりと指導するイメージが浮かんでしまいます。

しかし、「教師のメンター」という言葉には、若者に寄り添ってアドバイスしたり、メンタルにも気をつけて声掛けしたりする先輩教師がイメージできるでしょう。

もちろん、校長、教頭、初任者指導教員がメンターとして動いてくださることは、若い先生方が精神的に楽になることだと思います。現場の多くの先生方が「教師のメンター」になって、若い先生方を育ててくださることを願います。

## 2　教師のメンター7つの心得

僕は追手門小学校で8年間、初任から5年目までの先生方をあずかって、授業を見て指導してきました。最初は自分の培ってきたことを若い先生方に伝えたいという思いで、若手を指導していました。僕の持っている技術を、しっかりと若手に教えようとしました。それこそが、僕をこのポジションにした学校の期待に応えることだと思ったのです。

しかし、そういう指導をしながら何かが違うということを感じはじめたのです。日がたつにつれて次第に、あれれ？　正直、このやり方ではうまくいかないのではないかという実感がわいてきました。

若い先生方の一挙手一投足を見ていたら、細かいいろいろな誤った言動が目につきました。ほんのちょっとした言葉掛けのおかしさ。言ってはならないことを言って失敗する。教材提示のタイミングが悪すぎる。そもそも、単元の流れが決定的に違う……。数えだしたらきりがないほどに、ミスやもの足りないことが多いのです。

そりゃそうです。40年以上にわたって研鑽してきた僕から見たら、教師になって間もない先生方のすることは、物足りなく感じるのが当たり前です。だからといって、そういう言動をいちいち指摘していたら、マイナスの言葉ばかりを投げ掛けてしまうのです。これは、子どもたちを育てているときに、一番やってはいけないことではなかったかと反省しました。

自分は正しいと信じて教えてあげようとするのですが、若手からすれば、そんなにたくさんのことを指摘されても、すんなりと直せるはずがありません。そんな指導がうまくいくはずがないのです。

そこで、やり方を変えました。若い先生方を育てるには、どうしたらよいのかを考え続けました。その結果到達した極意のうち、教師教育に携わる教師のメンターの方たちに、特に気をつけていただきたいことを7つに絞って、以下に挙げます。

## ①初任者が主役である

当たり前のことなのですが、学級の主役は担任である初任者の先生です。初任者の先生が学級をうまく動かしていくことが最も重要なことです。

ところが、教師教育者の中には、ついつい子どもたちの目の前で初任者に指摘したり、ひどいときには授業に介入したりする方がいらっしゃいます。

子どもたちは、それを見てどう思うのでしょうか。先輩の先生が若い自分たちの担任のマイナスを指摘して、ときには、代わりに授業をするなんて……。

「ああ、この先生は新米の先生なんだなぁ。」

「わかってないから、怒られてるよ。」

などとは思わないのでしょうか。それによって、担任を軽んじるようになってしまわないでしょうか。

初任者を子どもたちの目の前でディスることによって、教師教育者の株は上がっていくことでしょう。実際、僕が1学期に教室で師範授業をしたあと、そのクラスの子どもたちは僕の顔を見たら、

「多賀先生が授業をしてよ。」

と、頼むようになってしまいました。

その一方で、担任の先生の株はどんどん下がっていってしまったのです。僕の大きな失敗だったと思います。それ以後、僕は担任と子どもたちとの関係が固まったと確信してからでないと、師範授業はしないように心がけていました。ともかく、子どもたちの見ているところでは、絶対に初任者をディスるということはしないように心掛けるべきです。

また、子どもたちが教室にいつもいる教師教育者を頼ってきても、

「担任の先生に聞きなさい。」

と突き放して、常に担任を通させるように心掛けましょう。必要であれば、あとで担任から

の相談にのればいいのですから。

教室の主役は担任の先生です。これは大前提です。

## ②5つのアドバイスに否定語は一つまで

ある学校で初任者指導の先生が、毎日付箋に、

「ここがよくなかった。」

「こういうところを直しなさい。」

「こんなことをしてはダメです。」

などと書いて、何枚も机に貼って帰ったということがありました。

その初任者は、

「私って、いいところが一つもないんですねえ。」

と言っていましたが、結局、精神的に追い込まれて休職してしまいました。子どもたちとはよい関係が築かれていましたから、追い込んだのは、初任者指導の先生です。

どんな教師でも欠点や直すべきところだけを毎日たくさん指摘されたら、心が傷だらけになって、まいってしまいます。だいたい、一度にたくさんのことを直せるはずがないのです。その初任者指導の先生は、きっとよいことをしているつもりでされていたことだし、ダメ出しして

いた内容自体は、間違ってはいなかったろうと思われます。しかし、ネガティブなアドバイスばかりを続けてしまい、結果的に初任者を追い詰めていったのですね。

5つアドバイスしたら、4つは褒めて（褒めるところがなければ努力を認めてあげて）、どうしても直してほしいこと一つだけを指摘するようにしましょう。場合によっては（初任者のメンタルの状態によっては）褒めることだけでもよいと思います。

今の若手はメンタルが弱いということを忘れないように。30年前のように、「獅子が谷底へ我が子を突き落とす」というような厳しい指導は、今の時代ではアウトなのです。

## ③初任者の表情と言動を読みとること

植物がしおれていたら、水不足か栄養不足の兆候です。水をやり、追い肥をしなければ枯れてしまうでしょう。

同じように、初任者の表情や言動を観察して、その先生が今、どんな精神状態にあるかを想像しなければなりません。そうしないと、いつの間にか初任者は枯れてしまう

（精神的に限界がきてしまう）でしょう。

箕面市のある学校へ授業の指導助言に行ったとき、事後研のあと、校長室で授業者の先生と学年の先生たちとで懇談していました。

そのとき、僕が、

「しんどいよねぇ、今の学校は。」

と、軽い気持ちで初任者に振ったら、いきなりぽろぽろ泣き出して、単身赴任で家に帰ったら何もする気が起こらなくて倒れるように寝てしまうこと、子どもとのことがうまくいかなくて苦しいこと等を、とつとつと語りはじめました。相担任の先生方も初めて聞く話だと驚いていらっしゃいました。

「全然気がつかなかった。ごめんね。」

「そんな悩みを抱えていたなんて……。なんでも相談していいんだよ。」

と、心ある優しい先生方ばかりでした。そんな先生方でも、なかなか初任者の苦しさには気づいてあげられないものなんですね。

心にしんどいマイナスの感情を抱えたまま暮らすのは、つらいことです。でも、なかなか先輩方に悩みを打ち明けるには勇気がいるのです。ハードルが高いことなのです。

教師教育者は、メンター（よき助言者）です。初任者の思いをその表情や言動からくみとって、理解してあげることからはじめましょう。子どもたちを観察していたときと同じように、温かい目で初任者を見守ってあげましょう。

どんなに立派な指導ができても、初任者のメンタルがつぶれてしまったのでは、元も子もありません。

## ④失敗は当たり前だと認識すること

先ほど②で、ダメ出しばかりでは、追い詰めてしまう話をしましたが、初任者は本当に失敗をたくさんします。

そんなことは、当たり前です。

子どもとのやりとりも素人です。子どもを傷つけてしまったり、子どもたちの心が離れてしまうようなことを言ってしまったりします。

僕は、初任が神戸大学附属小学校の帰国子女学級でした。大学を出たての教師には、帰国子女の子どもたちの心境なんて理解できません。子どものことを笑って、傷つけて泣かしてしまったことが何度かありました。そのこと自体は取り返しがつかないことなのですが、僕はそのことを心に刻んで生きていきました。その後に出会った子どもたちに対して返していくしかできないのです。

教科の本質に基づいた授業など、到底できるはずがありません。子どもたちの発言を活かせなかったり、途中でよけいな発言をしてこれまでの流れをぐちゃぐちゃにしてしまったりすることなんて、四六時中あります。

それらの失敗の一つ一つをチェックして直していけたらいいなとは思います。しかし、たくさんのことを一度にいくつも直していける人なんて、存在しないのです。日々失敗を繰り返して後悔する初任者を励まして、誰でも最初はそうだったと、自分の失敗談を話してあげましょう。僕なんて失敗だらけでしたから、その手の話には事欠きません。

最初から失敗なしで一人前になった教師など存在しないとわかれば、初任者も少し楽になるのではないでしょうか。

## ⑤小さな失敗なら、失敗して考えさせればよい

小さな失敗（子どもたちにダメージが少ない失敗、ミス等）ならば、それをいかに学びに変えていけるかが、重要です。

例えば、漢字を教えているときに、筆順がわからなくなるときがあります。ある初任者は、とっさに適当なことを言って、ごまかしてしまいました。漢字の筆順がわからなくなるときな

んで、僕でもときどきありました。そのこと自体は、ときどきあることなのです。問題はそれをとっさにごまかしてしまったことにあるのです。

僕はその若い先生に言いました。

「僕だって、漢字の筆順がわからなくなるときがあるよ。そんなときは、『ごめんなさい、わからなくなったから、漢和辞典で調べるね。』と言って、子どもたちの目の前で調べましたよ。前もってその漢字について調べておかなかったのは、失敗です。でも、ちゃんと子どもたちに謝って、失敗は謝ることだと子どもたちに教えるんです。そして、わからなくなったら、その場で辞典を使って調べるということも、大切です。そういう学びの姿勢を子どもたちに身をもって示すんですよ。」

ごまかしたのは失敗です。でも、その失敗をきっかけとして、初任の先生に考える機会としたのです。

ある初任者は、子どもの言動に苛立って、つい大声をあげてしまいました。僕は黙ってそれを見ていました。そして、あとで、

「あの怒鳴ったことを、君自身はどう捉えているの？」

と、たずねました。彼は、

「イラついてしまって時間もなかったので、つい怒鳴ってしまいました。振り返ったら、まず

いことしたなぁと思うのですが、なかなか自分でもコントロールができなくて……。」

と、言いました。僕は、

「僕だって怒鳴りつけたことがありますよ。ただ、今は怒鳴ることそのものも、マルトリートメント（不適切な関わり）として取り上げられる時代だからね。気をつけよう。」

と言いました。そして、彼にそういうときにはどうしたらよいかを考えさせました。

日々失敗を繰り返す若手に、それをきちんと振り返って自分の学びとさせるように指導することが、必要です。

## ⑥育てるよりも先に、護ること

初任の先生であっても、保護者や周りの教師たちは辛辣な攻撃をするときがあります。その人たちが言っている非難は正しいことかも知れませんが、自信のない若い先生には強くこたえてしまいます。

保護者や他の先生からの攻撃に対しては、まず盾となってあげましょう。

僕が指導していた若い先生が、他の先生から強い叱責を受けたことがあります。それが原因で適応障害になって、学校を2日間休みました。管理職はこのことに関して、怒鳴りつけた先生を注意はしましたが、

「あの先生の怒る理由もわからないわけではない。あの子のやったことには問題があって、怒るのも仕方ないところがあると思う。」

などということを言いました。

それに対して僕は、

「パワハラは、理由のいかんを問わず、ダメなんですよ。」

と言って、管理職の考え方を否定して、初任者を護ることに徹底しました。

メンタルの弱い初任者は、まず護ってあげなければならない存在であることを意識しましょう。保護者や他の先生からの攻撃を間違っても、

「○○さんの言うことにも一理あるよ。」

などと、初任者に言うべきではありません。

教師のメンターは、覚悟を持って初任者の盾になって、後ろ（職員室の同僚たち）からの攻撃からも、前（保護者）からの攻撃からも初任者を護ってほしいと思います。

護ってもらっているという安心感があれば、初任者ものびやかに仕事をすることができるのではないでしょうか。

## ⑦具体的な手立てを示すこと

指摘するばかりで、具体的な手立てを示さなければ、初任者はどうしたらいいのか困ってしまいます。具体的に「こうすればよい」という方法を初任者には伝えてあげることも必要だと思います。

最初の参観日の授業というのはとても大切です。保護者は、初めて担任の先生の授業を観るのですから、そこである程度の安心がもらえるような授業をすることが必要です。参観日のあくる日から学級が崩れはじめるともいいますから。

でも、そのことを初任者に言ったとしても、保護者に納得してもらえるような授業を考えろと言われても、いきなりできるはずがありません。

僕は、1時間の授業計画、教材も板書も発問もすべてつくりあげたものを初任の先生に渡して、

「この通りにやりなさい。」

と伝えました。一斉授業の形で、教材も子どもの関心がわくもので、発問には、予想される子どもの発言まで書いてあるものです。誰がやったとしても、ある程度の授業は成立するとい

うものです。

まずは、最初の参観を乗り切るようにしたわけです。

授業がどうもつまらなくて、楽しくないという悩みを持っていた先生がいました。僕はモジュールの授業（45分の時間を5分―10分―30分等というように区切って、3種類の授業を行うというもの）を提案しました。

そのうえで、5分や10分のところで、新出漢字の指導を入れたり、楽しい漢字ゲームのようなものを入れたりすると、授業が楽しくなると伝えました。楽しい漢字ゲームの例をいくつか提示して、やってみたらと奨めました。

彼は最初は僕の教えたとおりにしていましたが、そのうちに自分で工夫して漢字クイズなどをつくって、楽しそうに授業をしていました。

具体的に何をすればいいかは、明確に手渡してあげましょう。それをどう工夫していくかは、本人次第ですが、せめて最初ぐらいは、絶対にうまくいくネタを提供してあげるのもいいかなと思います。

# 第1章 学級経営を教えるときの基本姿勢

学級経営は難しい。

教師のメンターだって、

うまくいったときばかりでは

ないはずだ。

初任者と同じ目線に立って、

一緒に考えていくという姿勢は

必要だと思う。

## 1　若手には先の見通しがない……1年を見通せるのは、教師のメンター

学校で年度を積み重ねていくと、だいたいいつ頃には何があって、そのための準備にどのくらいの時間と準備を要するかは、わかってくるものです。そうすると、少し余裕を持ってさまざまなことに取り組めるようになっていきます。年度を重ねるということは、そういう利点もあるのですね。

しかし、初任者には、そういう見通しは全く立ちません。学校で配られる年間行事予定は見ていても、その行事のために費やす時間とか、準備に必要な事柄などは、実際にそのときにならないとわからないものなのです。

例えば、5月に遠足があるというと、場所決定は先輩方に任せるとしても、下見に行く時間が必要となります。たった半日のことですが、それによって生活のペースが崩れます。

宿泊を伴う校外学習では、班をつくったり、事前指導したり、しおりを作成したりといった時間がとられます。内容は先輩の指示通りでいいのですが、そのために時間がとられるということが想定できないから、そのときそのときに場当たり的な対応をして、プリントの丸付けが滞ったり、授業の予定が大幅にくるったりしてしまうのです。

そういうことは、一つ一つは大したことではないのですが、1年間を通してさまざまな場面で起ってくると、ボディブローのように効いてくるものです。

教師のメンターは、当然そういうことに対する見通しは持っています。でも、あまりにも当たり前のことすぎて、それらが初任者を少しずつ圧迫していく要素になるということへの想像が足りなくなるのです。

「当たり前のこと」というのが、気をつけなければいけない大きなポイントです。多くの教師にとっては当たり前のことが、初任者には当たり前ではないのだということを、認識しておきましょう。

今、いろいろな意味で学校現場には余裕がありません。「経験していけば、わかってくること」ではあっても、日々、自転車操業を繰り返している初任者に少しでも余裕を持ってもらえるように、アドバイスしていきましょう。

例えば、

「遠足の下見は、必ず行かなくてはいけません。昼から子どもたちを自習にして行くことになるでしょう。そのときの課題を考えておきましょう。社会科の調べ学習がある

から、それを自習の時間にあてましょう。」

というようなアドバイスをしてあげましょう。

また、校外学習での班編成などは、もめごとが起きやすいですから、一緒に考えてあげるほうがいいと思います。そのときには、初任者がどんな考えで班編成をしようとしているのか、よく話を聞きましょう。そして、担任としての考えが活かせるような班づくりのアドバイスをしてあげましょう。

「こういうふうに班をつくりなさい。」

と、上から指導するのではなく、初任者なりの子どもたちへの思いをよく聞いて、

「○○さんには、フォローしてくれる△△さんのような子どもがいてくれたほうがスムースに活動できると思うよ。」

「あの3人は関係が密になりすぎているから、3人とも離してあげたほうがいいんじゃないかなぁと思うんだけど……。」

などというように、初任者が班編成をしやすいように考えて、アドバイスをするのがいいのではないでしょうか。

子どもたちの変化も、学年の特徴として話してあげましょう。4年生くらいだと後半から女の子たちを中心に思春期に入ってくる可能性があるだとか、1年生は夏休み明けから、急成長しは

じめるといったような見通しが立つ話を、です。子ども理解についても、経験を積み重ねるとプラスになることがたくさんわかってくるということなのです。

4月当初は落ち着いていても、3年生ぐらいだと徐々にパワーが出てきて、いわゆるギャングエイジにも入ってきます。教師のコントロールが簡単にはいかなくなってきます。それもまた、「当たり前のこと」で、あわてて何かをするということは考えずに、そうなっていくという前提で、手立てをうっていかなければなりません。

子どもたちとよく話し合いをしたり、子ども一人ひとりとの関係をつくるにはどうしたらよいのかを考えさせたりして、備えていくことを教えましょう。

## 2 自分はセーフティネットだと自覚すること

教師のメンターは、いろいろな意味で初任者のセーフティネットです。そのことは、しっかりと自覚しておかなければなりません。

学校現場にはリスクがいくつもあります。どの教師もそれらを全部回避して教壇に立つことはできません。

・子ども同士のトラブルが発展するリスク

・モンスターペアレントが現れるリスク
・校内で事故の起こるリスク
・学級が崩れていくリスク
・同僚とうまくやっていけないリスク　等々

授業がうまくいくかどうかという以前に、教師はこうしたリスクにも対処していかねばならないのです。

このようなリスクに対して、教師のメンターはどう考えていくべきなのでしょうか。

学級経営に関するリスクについて考えましょう。

学級で日々生活をしていたら、いろいろと子どもについて対応しなければならないことが出てきます。そして、難しいのは、ほとんどの場合、瞬時に担任教師が判断して対処しなければならないことなのですね。あとでゆっくりと考え直してから対応していては、間に合わないことが多いのです。待ったなしなのですよ。

ところが、そこで失敗するたびに子どもの信頼を失っていく可能性があるのです。失敗の積み重ねが学級を壊していくことがあるのです。

教師のメンターは、あとから初任者からあったことの報告を受けることになります。いや、その前に日々のそうしたトラブルに対して初任者が何をしたかを、逐一報告してもらわなければなりません。その先生にずっと張りついて、一挙手一投足を監視しているわけではないのですから。

しかし、初任者にとっては、そんな細かなことをいちいち伝えるのは面倒であり、「いろいろと言われるのはいやだなぁ」という気持ちもあり、ハードルの高いことでもあるのです。

そこでまず、自分があなたのセーフティネットであるのだということを話して、理解してもらいましょう。

「この1年、あなたが学級をうまく経営していくことにアドバイスを送るのが私の仕事です。だから、学級で起きたことは、細かいこともすべて私に話すようにしてください。報告というようなかたくるしい形でなくていいのです。『先生、今日、こんなことがあったんですよ。それに対して、自分はこんなふうに指導したんですけど……。』と、軽く話してくだされぱいいのです。」

などと話すようにして、話しやすい関係をつくることが大切です。

セーフティネットが機能するためには、相手との信頼関係が絶対に必要です。教師のメンターは当然、ベテランで年齢もかなり上の方がなっているのですから、初任者にすれば緊張する相手にほかなりません。

雑談や世間話をまじえながら、初任者が自分のアドバイスを聞き入れてくれるような関係を目指しましょう。それで、初任者が話してくれることの中に、ちょっと危険だなというものを感じとったら、具体的に何が危険かを話して、新たな手立てを一緒に考えるようにしましょう。

こういうことがありました。

３年生です。３人の女の子たちがいつも同じ方向へ帰ります。仲良し３人組なのですが、いつも誰と二人が手をつなぐのかということでもめていました。登下校時に一人になる子どもが出てくるのですね。

初任者の先生は、日によって誰と手をつなぐかを決めて、日替わりで順番に手をつないで帰るということにしました。

あとでそのゆくたてを聞いた僕は、危ない話だなぁと思ったのです。

しばらくすると、案の定、保護者からクレームが入りました。「子どもの関係を先生が決めて管理するのはどうかと思う」ということでした。子どもたちにも不評だったそうです。

でも、若い先生は納得がいかなくて、保護者に対して、自分の考えを説明しようとしました。彼なりの考えがあるのは、わかっています。しかし、この問題は保護者の方に一理ある以上、説明で納得いくようにはならないのです。

僕はそこで、

「君の考えはわかるよ。そうせざるを得ないほどもめていたしね。でも、ここは一歩譲って、子どもたちの判断に任せますということで収めてはどうかな？　そして、３人とよく話をして、自分たちで考えていくというようにしたほうがいいと思うよ。」

と言って、収めさせました。

保護者とのトラブルを回避させて、子どもたちとの話し合いを丁寧にさせたのです。

教師のメンターは、直接保護者と面接して説明する立場にない場合が多いです。矢面に立つのは、初任者本人です。場合によっては、管理職にお願いして間に立ってもらうようにしましょう。今の学校現場は難しくて、若い先生が根性でがんばったり、誠実に対応したりするだけでは解決しないこともたくさんあります。

そんなときには、初任の先生を説得したり、管理職とつなげたりすることで、初任者を護りましょう。教師のメンターは、初任者を護るセーフティネットなのです。

## 3　失敗は後ほど指導する

初任者はたくさん失敗を重ねるという話はしてきました。僕などは、しょっちゅう失敗を繰り返していて、今から思えば、冷や汗ものの教師人生でした。逆に言うと、失敗なんて誰でもあることで、失敗することそのものは、どうってことないと考えたほうがいいのです。

失敗を見たときには、すぐに手を出したほうがいいのかも知れませんが、長い目で見て、その場では指導しないように心がけるべきだと思います。

## 子どもの前ではしない

何度も繰り返して言いますが、特に、子どもたちの目の前では絶対に失敗を訂正しないことが肝要です。教師教育をわかっていない先生、自分のすることが正しいと確信を持っていらっしゃる先生に多いのですが、子どもたちの目の前で初任者の間違いを訂正する方がいらっしゃいます。

一見、その場で訂正があるということは、子どもたちにとってはよいことのように思われます。しかし、「７つの心得」（序章）で述べたように、その行為は、結果的には担任である初任者が、

「あの先生、また間違ったよ。」

「やっぱり、新しい先生だからねぇ。」

ということになって、子どもたちの先生への信頼をおとしめる結果になりかねません。

さらに、そのことはおうちの方にも子どもたちの口を通して伝わるので、保護者も先生が頼りないと思うことになるでしょう。

絶対に今、訂正しておかないとまずいなと思ったときがありました。僕は紙にその間違いを書いて、訂正するべきところを指摘して、教卓に置きました。そこには、

「これを読んでもすぐに訂正しないで、少し経ってから思い出したように子どもたちに訂正しましょう。」

とも、書きました。初任の先生は、「なんだろう、わざわざ先生が教卓に書いたものを持ってきて……。」と思って紙の中身を確認してうなずきました。そして、少し間をおいてから、子どもたちに訂正しました。

## 間違いもあとで訂正

それでもやはり、あと（授業のあと、子どもたちのいないところで）で指摘することが基本です。

本当はその場で指導するほうが効果的なのです。実習生が相手ならば、僕はその場で指導します。子どもたちにも、

「先生になるための勉強をしに来ているんだよ。」

と言っているのですから。

初任者と実習生は違います。責任が全く違うのです。学級で起きるすべてのことに対して、初任者であっても、担任である以上は全責任を負わなければなりません。教師のメンターがその責任を代わりに背負うこともできないのです。

ある先生が国語の時間に一斉音読をさせました。音読が終わった直後に、

「昨日の宿題を忘れた人は立ちなさい。」

と言いました。

授業を見ていた僕は、

「それはまずいやり方なのになぁ。」

と思いましたが、その場では黙って見ていました。

彼女は、3分間ほど、立っている子どもたちに説教を垂れていました。その後、授業はぐだぐだになってしまいました。そうなるだろうという予想はついていたのですが、そのまま黙って見ていました。その後、僕の部屋にやってきた彼女に対して、僕はまず、

「今日、子どもたちがいつからあなたの話を聞かなくなったのか、わかりますか？」

と尋ねました。彼女はしばらく考えたあと、

「音読のあとですか？」

と言いました。

「そうです。あなたが宿題を忘れた人、立ちなさいと言って、5人が立ったよね。それで、あなたはその5人に説教をしていたが、残りの33人の子どもたちは、宿題は忘れていないのだから、その説教は聞く必要がなかったよね。だから、あの瞬間に子どもたちの気持ちがあなたから離れて、それっきり戻ってこなかったんだよ。」

さらに、

「それで、その5人は明日宿題を忘れないと思うかな?」

と言うと、

「忘れると思います。」

と答えました。じゃあ、意味のないことをしたんだねと、笑いました。

それで、彼女は宿題のことを授業中に注意するのは止めました。

子どもたちの前では初任者のメンツは保ってあげないといけません。

## 4 自分の実践よりも、若手の個性と思いを重視すること

僕は教師教育の仕事に就いたとき、張り切っていました。自分がこれまでに培ってきたいろいろな技術を初任者に伝えようという思いでいっぱいでした。

実際、初任者に対して、こうすればいい、ああすればいいと話をして、ともかく技術を伝えようとしました。

でも、さっぱり効果が現れませんでした。

そりゃあそうですよね。僕の実践は失敗などの経験を積み重ねてきたところにあるもので、初任者がそのまま真似をしたって、うまくやれるわけがないのです。

それよりも何よりも、他人から押し付けられた実践をやってみても、モチベーションが上がらないのです。やはり自分で考えて工夫したものが、一番やる気を持って取り組めるものになるのです。

それに気づいてから、僕はやり方を変えました。

まずは、初任者が自分で考えたことを見せてもらい、その方法でやっていけるために足りない部分を補ったり、行き詰ったところでアイデアを出したりするように心がけました。

たとえそれで失敗しても、自分で考えたことなのだから、本人は納得して反省することができます。

口には出しませんでしたが、

「思い切ってやってみてごらん。そして、結果は良かったにつけ、悪かったにつけ、すべてあなた自身の責任ですよ。」

という思いでした。

「先生、学級でこんなことをしてみたいのですが……。」

僕と30歳以上も年の離れた若い先生は、初めのうちは、おそるおそる自分のやりたいことを話していました。しかし、僕がどんなこともすべて否定せずに話を聞いてくれるとわかってくると、細かいところまで授業の計画を立てて話すようになっていきました。

僕は初任者の授業提案を聞きながら、その実践がどうすればうまくいくのかと考えるようになりました。

人には個性があります。習性も人によって違います。その人に合った教育のやり方というものがあります。

僕が正しいと信じていることが、別の先生から見れば、異質のものに見えることがあるでしょう。教育というのは、幅が広くて奥も深いものなのです。

ですから、僕は子どもの個性を大切にするのと同じように、担当している初任の先生の個性も大切にするようにしてきました。

彼らは、自分の道を歩いているのです。僕のたどってきた道を追いかけているのではありません。

新しい課題がどんどん出てきて、現場では若手の活躍する場面が増えたように思います。僕たちのようなアナログ人間には、デジタルのタブレットの活用はきついものです。

しかし、若い先生方は簡単にそれらをこなしていきます。タブレットの使用に対する抵抗感が全くありません。

　高等専門学校（高専）を出て教師になった初任者がいました。彼は、高専でコンピューターを中心に学んできたので、プログラマー並みの技術を持っていました。ただ、それを授業に活かそうとしたとき、どうしてもアナログ的な子どもとのやりとりや説明の仕方などには難がありました。だから、僕は授業の仕組み方やアイデアの使い方については、一切口をはさみませんでした。それよりも、対子どもとのコミュニケーションの取り方に焦点を当てて、そこを指導していきました。

　しばらく付き合っていると、あるとき、

「僕は、コミュニケーションをとるのが難しいんです。」

と、自分の特性について話してくれました。

　それから、僕は一つ一つの事例について、細かく丁寧に教えていくようにしました。彼はそれらを忠実に実行して、身につけていきました。今ではいい先生になって立派にやっています。僕が講演でときどき使っているパワーポイントのアニメーションなどは、彼に教わって使っているのですよ。

　よさを生かす。それが生きるようにアドバイスする、というのが教師のメンターのあるべき姿だと思います。

## 5　メンターであることを忘れないように

ある学校で若い先生が一人の子どものことで悩んでいました。僕はその学校に勤務しているわけではありませんでしたから、直接指導はしていませんでした。

彼女は、教室ですぐに立ち上がってうろうろする子どもに手を焼いていたのです。

その子は、注意するとキレて暴れる、大声を出すとなって、授業が成り立たなくなるのです。間接的ですが、次のようにアドバイスしました。

「彼が他の子に迷惑をかけない程度であれば、ある程度は問題行動をいちいち指摘せずに、淡々と授業を続けたほうがいいと思うよ。そういうのを『教育的無視』と僕は呼んでいるんだ。それでね、彼とよく付き合うんだよ。笑顔で話をしたり、一緒に何かして遊んだりするんだよ。そうして彼と関係がつくれれば、少しは彼もあなたの言うことを聞いてくれるかも知れない。」

とアドバイスしました。

それで、しばらく彼女はそのように子どもと付き合って、ときどき立ち歩くことはあっても、授業の邪魔にならない程度に収まりかけていたのです。

ところが、ある日、生活指導担当のベテラン教師が教室をのぞいて立ち歩いている子どもを見て、突然教室に入ってきて、立ち歩いている子どもを大声でどなりつけたのです。驚き恐怖を感じたその子は、自分の席に着きました。

そのベテラン教師は、

「お前があまっちょろい指導をしてるからこんなことになるんだ！」

と、若い先生も叱ったそうです。

現場にはいまだにこんな教師がいます。若い教師の思いも、子どもの思いも踏みにじって悦に入っている教師です。僕がその学校にいて、初任者指導教員だったら、間違いなくそのベテラン教師と大ゲンカしていたことでしょう。

今の若い先生方は、大学で特別支援教育も学んできています。厳しい指導は結果的に逆効果をもたらして、問題行動を強化してしまうのだということを学んできているのです。ところが、そういう学びを経験していない教師たちが現場にはいて、的外れな指導をするのです。若い先生方はこうした先輩教師たちともやっていかねばならないのです。

心が折れそうになります。

こんなとき、教師のメンターは何をなすべきなのでしょ

うか？

まずは、若い先生の思いを聞いて、受け止めることです。

「あなたのやっていることは間違いのないことなんだよ。」

と、支えてあげましょう。場合によっては、かのベテラン教師と話し合って、手を出さないようにお願いすることも必要でしょう。ただし、こういう先生は話しても理解してくれないこともあるので、場合によっては管理職をまじえて話し合うことも必要になってくるでしょう。管理職は、

「どなりつけるのが正しい指導だ。」

などということは、決して言わないはずです。もしも管理職がどなりつける指導を推奨したりしたら、今の時代、大変なことになりますからね。

僕は、いつも「KitKat（キットカット）」や小ぶりのマドレーヌなどを用意していて、僕のところに指導を受けにやってくる若い先生方にそれを渡して、

「まずは甘いものでも食べて、それから話をしようか。」

などと言っていました。

甘いものは、少し心をほっとさせてくれますからね。

何かを指導することよりも大事にしていることがありました。それは、若い先生の気持ちを大

切にすることです。表情を見ていたら、若い先生の精神状態はわかります。悩んで落ち込んでいるときに何かアドバイスしようとしても、その先生には伝わりません。心に受け止めるだけのゆとりがないのですから。


「どうした？　元気ないぞ。」

「何かあったのか、しんどそうな顔してるよ。」

と、まずはそこから声掛けするようにしていました。

教室の「あの子」に振り回されて、

「教師に向いていないのかも知れません。もう辞めたい。」

と言ってきた先生もいました。僕は、

「初任だからできないことがあって当たり前だよ。あの子は誰が持ったって難しいからね。」

と、彼に話したあと、管理職のところに行き、

「彼をこのまま教師として育てようという気があるなら、彼のしていることにいちいちチェックを入れないでほしい。僕が責任を持って指導する。」

と言いました。


若手は追い込まれやすいので、要注意です。

僕の知っている退職校長は、初任者指導教員でしたが、若手を休みの日に「ＮＧＫ（なんばグ

ランド花月）」に連れて行って、お笑いを見せたそうです。授業や子どものことから離れて、そういう時間も大切だよと教えてくれていたのですね。こういう初任者指導教員に当たった新人は幸せです。

# 第2章
# 4月のスタートに気を配る

「3・7・30の法則」* といって、
新年度のスタートが
重要だといわれている。
新任は、そんなことも考えずに
学級をスタートさせてしまう。

＊学級開きの最初の3日間・7日間・30日間で何を行い、学級をどのような状態に持っていくのかを日数を目安にしてシステム化。元横浜市立小学校教諭の野中信行さんによる提案。

# 1　武器を持たない初任者が子どもたちの前に立つには

ここ数年、武庫川女子大学の藤本勇二さんの企画で新卒者のためのスタートアップ講座をしています。まじめで熱心な、教師が生涯の職業だという思いの強い学生さんたちが相手です。やる気に満ち溢れています。

そこでまず僕が話すことは、

①現場の細かいことは、大学では教えない
②教育実習は担任の学級づくりの手のひらの上にある
③初日から知らないうちに学級がつくられていく
④力量が足りないことを自覚せよ
⑤怒ってばかりでは学級づくりにならない
⑥まずは自分のできることからやる

の6つです。この6つの構えなしで現場に出ていくことは危険なことだと教えます。

初任者は、学校で必要な技術をほとんど持っていません。僕に言わせれば、武器を持たずに戦場に送り出されるようなものです。

命が助かればラッキーであって、よほど環境に恵まれないと、ほとんどがぼろぼろに傷ついてしまうのです。今、X（旧・Twitter）などでは、初任者の否定的な投稿がたくさんアップされています。読んでいると、初任者指導教員は何をしているんだ！　と腹が立ちます。

まさしく初任者からの悲鳴なのです。

学校というところは、基本的にしんどいところです。そして、何よりも技術と経験がものをいう場所なのです。

まず、初めて子どもたちの前に立ったとき、何をどう話したらいいのでしょうか。

学年の子どもたちの特性も理解力もわからないままに話をしてしまう、それだけで、軽く見られてしまうこともあるかも知れません。

子どもたちが家に帰ったときに、おうちの方が、

「今度の担任の先生どうだった？」

と聞くでしょう。そのときに、子どもが、

「別に……。」

などということを言ったら、それだけで保護者は不安に思われるでしょう。

話し方の上手な先生というのはいらっしゃって、初任者でも子どもの前で話すことが平気で得意な方もおられるでしょう。それは一つの武器になりますね。

でも、多くの初任者は、自分の気持ちを話すのが精一杯で、話だけで子どもを惹きつける技術がありません。

話す技術といいましたが、話すことは才能もありますが、努力でカバーできる技術です。

僕は人前で話すのが苦手で、塾の面接、大学院の面接などで、ことごとく落とされました。初任は帰国子女学級でたった二人の子どもが相手でしたから、大勢の前で話すという場面ではなかったので、なんとか乗り切れましたが。

いつもぼそぼそと小さい声で話すので、僕の声は、聞きとりにくかったのです。

そこで、文楽の講座を聞いて学んだことをトレーニングしたり、落語を聞きまくって勉強したり、友人の教師の話し方から学んだり……と、努力してきました。今では、普段話すときと、授業や講演で話すときとは、はっきり区別した話し方ができます。声の出し方を変えています。

話し方は技術なのです。トレーニングで克服できます（参考：多賀一郎・佐藤隆史『教師の話し方』学事出版）。

また、話す内容はどうでしょうか？　子どもたちにインパクトの強い話ができるでしょうか。

新年度のやる気に満ちた子どもたちに、これからの学級について明るい見通しや楽しい期待を抱かせるような内容の話を短くできるでしょうか。

そこで、教師のメンターの出番です。

まずは、最初のインパクトが大事だということをよく話します。どんなことがあっても、時間を5分でもいいからつくらせるのです。初日というのは、プリントをたくさん配らなければならないことが多いです。もたもたしていたら、それらを配付しているだけで時間が終わってしまいます。プリントを配るだけで学級の初日が終わったら、子どもたちに対してインパクトを与えることはできません。

恋は出会いからはじまるのです。初日の出会いで子どもたちを先生に惚れさせてしまわなければなりません（「惚れさせる」は不適当かも知れませんが、インパクトの強い好印象を与えるということです）。

だから、どうしても初日に配らなければならないプリント類などは前もって封筒に入れて配っておくか、ロッカーにまとめて入れておくことを教えます。

そうやって、5分～10分の教師が子どもたちに語るための時間をつくらせるのです。そのうえで、ともかく、楽しい話を考えさせます。自分が楽しいと思う話をしてもいいし、趣味の話を少し入れてもいいでしょう。そこに学級における自分の目標や考え方を入れて話すようにさせます。

楽しさ、面白さが前面に出るようには、演出できないと初任者が思っていたら、絵本を読めばいいと教えます。絵本には、子どもを惹きつける力がありますから、初日から子どもたちにメッセージを与えることができます（参考：多賀一郎『一冊の本が学級を変える』『一冊の絵本が子どもを変える』ともに黎明書房）。

## 2　スタートのつまずきは1年を左右する

### 雑務に追われて学級経営がおろそかになりがち

何もかも初めての初任者は、校内の雑務に追われます。もちろん、授業もしていかねばなりません。

大きな学校ならば、校務分掌は限られていますが、中規模以下の学校ならば、初任者にもそこの仕事が割り当てられます。本来は、初任者に仕事を引き継がせるときは、完全に任せるのではなく、必ず補佐になる先生をつけるべきなのです。ところが、学校によっては、その辺の配慮が足りないところがあるのです。

初任者が学級のこと以外の仕事に忙殺されると、当然、学級のこと、子どものことがおろそかになります。一度に多くのことをこなしていくには、要領のよさが必要なのですが、それも教師の技術の一つであって、年数を重ねるごとに身についていくものであり、初任者には厳しいことですね。

仕事は半人前なのだから、当然補佐が必要です。学校の実務には、教師の感性や個性は関係ありませんから、教師のメンターは大いに口出しすべきです。それも、具体的に「こうすればいい」と教えるのです。こんなことに時間をとらせて、学級経営への取り組みの時間がおろそかになってはいけません。

## 学級は日々つくられていく

スタートしたら、学級は1日だって待ってはくれません。毎日毎日が勝負です。何かが忙しいからと、学級のことを後回しにしていると、その間に学級というものがどんどんつくられていきます。

新年度のスタートには、できるだけ教室にいるようにさせましょう。ちょっとしたトラブルがあっても、子どもたちは傍に先生がいてくれると安心できるものです。

いつも職員室に先生はいて、何か起こったときには、そこまで言いに行かなければならないとなったら、ちょっと面倒ですよね。この「ちょっと面倒」だから先生に言うのは止めておくというのが、けっこう多いものです。

子どもたちから細かい話をいちいち持ってこられたら、教師も大変です。子どもたちの話って、少しおおげさで、たいしたことない場合も多いですから。しかし、そういうことを丁寧に受け答えすることが、子どもとの信頼関係を築いていくには大事なことなのです。

初任者ができるだけ教室にいられるように指導しましょう。教室にさえいれば、子どもたちからさまざまな情報が入ってきます。

そして、まずは、学校生活での基本的なルールについて、考えさせましょう。行き当たりばったりの指導にならないように、最初からルールとして確認しておくのです。

## 挨拶

まずは、子どものほうから挨拶がくるようにします。崩壊学級の子どもたちを見ていると、自分からは、挨拶ができません。最初は、子どもからの挨拶ができていなければ、先生から挨拶するように指導します。このとき、あわてなくてもいいと伝えましょう。こちらから気持ちよく挨拶していれば、そのうち子どもたちの多くは自分から挨拶するようになってくるものだと教えましょう。

朝、教室で子どもたちを迎えていると、子どもたちが入ってくるたびに挨拶できます。先生から挨拶していると、そのうち、子どもたちのほうからが増えてきます。そこを褒めていくようにしようと指導しましょう。

## 提出物

宿題や家庭からの提出物が初日にほとんど全部そろうのが一番よいのですが、子どもによっては、親の怠慢や家庭の事情で出せない場合もあるので、なんでもかんでも子どもを責めるのは止めさせましょう。

「提出物は提出期日をきちんと守る。」

等ということをルールにしてしまうと、出せない子どもだけを責め続けることにもなりかねません。家庭からの提出物のほとんどは子どもの責任ではないので、子どもと一緒に困ってあげればいいのだということを教えましょう。

「あなたもたいへんだね。がんばって書いてもらってね。」

と子どもからお家の方へお願いさせるのです。そうすれば、子どもの心が救われます。この先生は自分の味方だと思ってくれます。

僕が担任したら全員、提出物は完璧だったなどということはありませんでした。ある学年ではあんまりひどいので、何回かキレたことがあります。そういう話って、若い頃には多くの先生方が経験しておられることでしょう。だから、そんな話を初任者にしてあげるといいです。

「指導してくれている先生だって、そんなことがあるんだ。」

と、安心することでしょう。

僕が6回担任した1年生では、提出率は抜群でしたが、高学年から担任した場合だと、なかなか直らなかったですね。提出物を厳しくチェックし過ぎないほうが、子どもとの関係はよくなるということを、教えてあげましょう。

## 3　縦糸をつくらせる

### なぜ縦糸が大切なのか考えさせる

新年度のスタートで一番大切なことは、子どもたちとの縦糸*を構築することです。縦糸とは、もちろん、教師と子どもとの関係のことです。教師が話すことを聞き入れる態勢ができているのかどうか。教師の話に耳を傾けようとしているのか。教師をある程度、信頼しているのかどうか。そういうものが、縦糸の1本1本となって、太いパイプとなってつながっていくのです。それがないと、何をしてもうまくいくはずがありません。

＊　縦糸・横糸による学級づくり「織物モデル」は、横藤雅人（瀬戸SOLAN小学校前校長）さんがオリジナル。

初任者に新年度のスタートにつくるべき縦糸の重要性をよく理解してもらって、縦糸をつくっていくために何をしていけばいいか、一緒に考えていくのです。

「鉄は熱いうちに打て」といいますが、新年度のスタートをのんびりと切ってしまうと、取り返すことはできません。僕を知っていたベテランの先生が、よく僕がスタートの準備に一生懸命やっているのを見て、

「そんなにスタートからガンガンやったら、子どもたちはしんどいやろう。もっとゆったりのんびりとやらないといけないよ。エンジンも暖機運転させないと、壊れやすくなるからね。」

と、もっともらしいことをおっしゃっていました。

しかし、6月に、僕のクラスが落ち着いてきた頃には、その先生のクラスは学級崩壊状態でした。毎日、怒鳴り声が教室から聞こえてきました。

スタートに縦糸を構築することは、何にもまして、重要なことだと思います。

**どなったり圧を掛けたりは、今の時代ではアウト（コンプライアンスの指導）**

昔（20年ほど前）は、縦糸は簡単につくれました。先生がぴしっと圧を送れば、子どもたちは黙って従っていたのです。昭和から平成前半の教師たちに必要なのは、厳しい圧の強さだったといっても過言ではないと思います。

「先生の話は聞くのが当たり前」だったのです。

でも、今は違います。学校の先生だというだけでは、素直に言うことを聞いてくれなくなってきています。確かに今でも、怒鳴りつけると一瞬は言うことを聞いてくれることもあるでしょう。大人が大声を出すと、子どもはおとなしくなりますからね、特に低学年の子どもは。でも、それは長続きしないことですし、怒鳴って子どもをコントロールしようとすることは、子どもたちからの信頼を得ることにはつながらないでしょう。

さらに、コンプライアンス（法令遵守）の面からも、問題ありです。

不登校になった子どものことがたまにニュースになりますが、先生が怒鳴りつけたことが問題になっているときがあります。怖くて学校へ行けないというのです。今の子どもたちは強くありません。ＰＴＳＤになって、学校に行けなくなったら、教師の責任になります。

ともかく、怒鳴ったり圧を掛けたりということは、極力避けなければならないのです。だいたい、大声を出すというのは、体罰が禁止されている現状においては、教師の子どもたちへの最終兵器なのです。ここというときにだけ、

それも滅多に使わないから効果のある方法です。普段から毎日のように使っていたら、子どもたちも慣れていって、効力はだんだん薄れていきますよね。

では、他にどのような手立てを使って、子どもたちとの縦糸をつくればよいのでしょうか？　初任者には技術も経験もないのですから、ここは、具体的に示してあげなければいけないところでしょう。

## 話す声の大小、強弱を教える

まずは、話し方の練習です。教師は子どもたちの前に立って、何かを話さなければならない仕事です。個別最適化や協同学習が進んでも、教師の第一声で授業がはじまります。

この話し方を鍛えなければなりません。

ある年、若い先生と相担任になりました。彼女は、「私、人前で話すのが苦手なんです。」

【参考資料】

### 聞きづらい話し方　チェック表

○発声・発音等

| | |
|---|---|
| ①声が小さい | □ |
| ②滑舌が悪い | □ |
| ③抑揚が少ない | □ |
| ④強弱がない | □ |
| ⑤間がない | □ |
| ⑥速すぎる | □ |
| ⑦ゆっくりすぎる | □ |

と言いました。

「じゃあ、前もって話すことを書いて、時間があれば話す練習をしたらいいんだよ。よほど特殊な人以外は、誰だって、話すのが特にうまくはないものなんだよ。僕もそうだった。だから僕は授業の発問はすべてノートに書いて用意して授業に臨んでいるし、保護者会で話すときは原稿を書いて、それを何度も読んで練習しているんだ。」

と、僕は話しました。彼女はそれ以来、僕と同じように人前で話すことは書いて、練習してから臨むようにしています。

初任者に教室で教壇に立って話すことを練習させましょう。話す姿勢も、声の出し方も、強弱も聞いていたら、すべてわかりますから、これについては、考えさせるというよりも、教えましょう。

○態度・姿勢等

| | |
|---|---|
| ⑧上から強圧的 | □ |
| ⑨ボディランゲージがない | □ |
| ⑩視線が定まらない | □ |
| ⑪肩に力が入っている | □ |
| ⑫攻撃的 | □ |
| ⑬落ち着かない話し方 | □ |

○内容に関して

| | |
|---|---|
| ⑭くどい・しつこい | □ |
| ⑮わかりきったことを話す | □ |
| ⑯書いてあるとおりに読む | □ |
| ⑰難しい言葉を多用する | □ |

・口は縦に開けることを意識すること
・立つ姿勢は、だいたい肩幅くらいに足を開くこと
・手はだらんとさせておくか、ノートかメモを片手に持っておくこと
・手を組んだり、後ろ手にしたりしないこと
・胸を張って、さわやかな声を出すように心がけること
・常に笑顔で子どもたちに話しかけること
・第一声は少し大きめの声でスタートすること
・語尾をはっきり話すこと

こういうことを教えて教室で練習させるのです。

初任者は、このような具体的な指導を受けてきていないので、けっこう素直に聞いてくれるものです。

最初の3日間はどんな話をすればいいのか、相談にのりましょう。熱い子どもたちへの思いを表明したい先生もいるだろうし、学級についての思いを語りたい先生もいると思います。それらを3日間分、話し原稿を書いて練習するのです。

そこまで準備して、初めて教師主導でのスタートが切れるのです。

# 4　子どもとの関係づくりの手立てを教える

## 子どもと遊ぶ

先輩との軋轢で適応障害を起こした初任者がいました。学校へ来るのもなかなか難しい状態になって、２、３日休んでやっとの思いで来た学校で、担任していた3年生たちが先生を見つけて駆け寄ってきました。

「先生、どうしてたん？」

と言う子どもたちに囲まれたその先生は、笑顔を取り戻して、子どもたちと一緒に教室に向かうことができました。

その先生は、４月から、業間とお昼休みは、ずっと子どもたちと一緒に運動場に出て、遊んでいたのです。

だから、苦しいときに子どもたちが守ってくれたのです。

「ともかく、あなたたちは大した授業もできません。学級づくりも思うようにいかないのが当たり前です。だから、せめて休み時間は子どもたちと一緒に遊びなさい。一緒に遊んで子どもたちの仲間になるのです。仲間の言うことは、つまらなくたって聞いてくれますよ。最後に先生を助けてくれるのは子どもたちなんです。」

と、僕は初任の先生方に言い続けてきました。

守口市のある学校で、校長が、

「今の若い先生方にアドバイスされるとすれば、先生は何をまずおっしゃいますか?」

とたずねたので、僕は職員室を指差して、

「今、お昼休みですよね。でも、若い先生方はみんな、職員室で仕事をしていらっしゃるようです。これではダメです。まずは、子どもたちと一緒に遊ばないと……。」

と言いました。


子どもと遊ぶこと。本来は教師の仕事ではないかも知れません。でも、一緒に遊んでいる先生を子どもたちは仲間と認識して、なんでも話すようになってくれます。困ったときは、助けてくれます。

僕が追手門小学校で教師教育をしていたとき、いつもベランダから運動場の様子を観察していました。初任者が子どもたちと遊んでいたら、指導するときに、いつも褒めていました。

「教師は忙しい。いろんな準備もしたいところだけれど、子どもたちと遊んでいる。大事なことだよ。」

と、励ましていました。

全く子どもたちと遊ばない初任者がいました。高校野球で甲子園に出たこともあるスポーツマンなのですが、子どもたちとは遊びませんでした。次第に子どもたちとの関係が悪くなっていって、子どもたちが彼の話を聞かなくなっていきました。結局、彼は小学校から去りました。

実は、何をさておいてでも、子どもたちと遊ぶということは、教師としてとても大切なことだと思うのです。特に、いろいろな技術も経験もない初任者が唯一誇れるのは、若くて子どもたちと近いということなのです。

教師のメンターは、初任者が子どもたちと一緒に遊べるような環境づくり、つまり、業間や昼休みに他の仕事をしなくていいように周りに働きかけることを考えましょう。子どもと遊ぶのが初任者の仕事の最優先事項だと認識させましょう。本当は職員室の先生方もみんな、子どもと遊んでいるという状態が望ましいのですが……。

## いつも子どもの傍にいる

子どもと遊べない状況だってあります。体調不良のときに、無理してまで遊ぶ必要はありません。しんどいときは、外へ出て遊べないこともあっていいのです。

しかし、子どもたちの傍にいるということは大切なことです。

先生が業間や昼休みに教室にいれば、子どもたちの様子がよくわかります。

「あの子、いつも一人でうろうろしているなぁ。」

「そういえば、あの子、特定の友達と二人でいつも一緒だね。」

そういったことに気づきやすくなります。

チャイムが鳴ってから、誰が真っ先に教室に帰って来るのか？

いつも遅れて帰ってくるのは誰なのか？

職員室で丸つけしているとわからないそういった細かいことも、たくさん見つけることができます。

移動教室で講師の先生の授業のときも、ついていって（もちろん、講師の先生の許可をとってからですが）、隅っこの席について宿題の丸つけをしていたっていいのです。

自分以外の先生が授業をしているときに、子どもたちはどんな動きをするのかをぼんやりと観察できます。

子どもたちの傍にいると、いろいろなものが見えてくるのです。子どもたちもいつも先生は自分たちの傍にいてくれると思います。できる限り子どもたちの傍にいて、子どもたちからさまざまなことを学ぶように指導しましょう。

## 5　子どもとの対話の在り方を考えさせる

子どもたちとの対話にはいろいろな方法があります。（子どもたちと遊ぶことも対話の一種だとも考えられます。）初任者にそれらを全部しなさいというのは無茶なことですが、いくつかの選択肢を示して、できそうなことからはじめさせればよいと思います。

### 日記指導ＯＲ「振り返りジャーナル」

子どもたちに日々日記を書かせて、先生は赤ペンを入れて返します。ときには、クラス全員の前で子どもの書いたものを読んで、みんなに共有してもらうとか、１枚文集にして配付するなどの活用ができます。

しかし、毎日書くのは大変だし、毎日先生が提出されたものを読んでコメントをつけて返していたら、膨大な時間がかかります。毎日というのは子どもたちにも先生にも負担が大きいので、初任者にはおすすめできません。

1週間に一度提出することにしておけば、子どもの負担も教師の負担も少なくて済みます。こういう作文指導（日記指導とか、日記教育というほうが適切でしょう）をさせると、子どもの書いたものに赤ペンで、表現がよくない部分を指摘したり、誤字を訂正したりと、チェックばかりを入れてしまいがちになります。

「日記指導は、文章表現指導ではありません。子どもと先生との対話の場です。字のまちがいの訂正などはしないようにしましょう。書いて出したものに赤ペンで訂正のチェックばかり入っていたら、書こうという意欲がわくと思いますか？」

と、初任者に教えて、子どもの思いを受け止めることに専念させます。

このような取り組みで子どもの本音をつかめるものは、半分もないと思います。しかし、その半分足らずであっても子どもの思いを受け止めることができたら、学級づくりには大きな影響があるでしょう（参考：多賀一郎『クラスを育てる「作文教育」書くことで伸びる学級力』明治図書）。

「振り返りジャーナル」とは、その日にあった出来事をテーマに沿って「終わりの会、帰りの会」で生徒に毎日書いてもらうものです。反省ではなく、うまくいったことを書くようにするようですが、僕自身は実践したことがありません。

日記指導よりも、毎日短時間で励行することにより、量的に子どもの負担が少なくて済むようです。僕の知り合いの教師たちもたくさん実践しています。日記に変わるものとして、活用するとよいでしょう。（参考：岩瀬直樹・ちょんせいこ『「振り返りジャーナル」で子どもとつながるクラス運営』ナツメ社）

## 子ども個々のチャンネルに合わせる

子どもとの対話は、一つの方法だけではやっていけません。今どきの子どもは多様で、一つの手立てだけで全員とつながることなど、とうていできないのです。

ある教師はアニメオタクでした。彼はアニメに精通していて、僕もいくつか彼からＤＶＤを借りたことがあります。

かたくなな女の子がいました。お母さんが亡くなって、しばらくは父親と二人だけで暮らしていました。お父さんは再婚されて妹が二人できました。その子たちとは仲良くしていたのですが、学校ではすぐに自分の世界に閉じこもって、心を開こうとはしませんでした。

気に入らないことがあると、泣き叫んで手がつけられません。担任された先生方はみんな困っていました。


ところが、アニメ好きの先生が担任をしたとき、その子との対話が成立したのです。その子はアニメが大好きで、将来は声優になりたいという夢を持っていたのです。二人でアニメの話題で盛り上がっていきました。

自分の趣味が子どもにミートしたら、そこで対話が成立することがあるということです。

バスケットボールのクラブチームに入っている子どもがいました。僕はマンガの『スラムダンク』を渡して、その話題で盛り上がりました。共通の話題があるということは、対話しやすいということです。

子どもの好きなこと、関心のあることを見つけて、それを取っ掛かりにして対話をはじめるようにするのです。若い先生には、子どもがどんなことに興味関心があるのかを考えながら子どもたちを観察するように指導します。

子どもたち同士の会話に耳を傾けて、どんな会話をしていて、何に関心を持っているのかをつかむようにさせるのです。

勉強や生活態度ばかりに目を向けるのではなく、子ども一人ひとりの趣味や夢などを広い範囲にわたってつかむようにさせましょう。対話のきっかけというものは、そういう中から出てくるものなのです。

## 6　横糸づくりは、少しずつ教えていく

学級づくりのスタートは、縦糸づくりです。でも、縦糸だけで1年間やっていけるものではありません。子ども同士の関係づくり、すなわち「横糸づくり」を少しずつやっていかねばならないのです。縦糸と横糸が両方育ってきて、うまく組み合わさってこそ、しっかりとした布地ができていくのですから。

今の学級では、1年間同じクラスにいるというだけで協働意識が生まれたり、友達関係がよくなっていったりすることはありません。なんらかの手立てを打たなければ、教室にいる赤の他人の集団になりかねないのです。実際、3学期になっても、一度も話したことがないクラスメイトが何人もいるという学級があるのです。

横糸づくりこそが、学級経営の次の大きなポイントだと思います。子ども同士をどのようにつなげていくかを、考えさせましょう。

## 学級通信でつなげる

学級通信については、理解のある管理職がいないと出せない場合もあります。また、同学年の先生の中には、同調圧力をかけて学級通信のようなものは出さないでおこうとさせる方もいらっしゃいます。

そんなときは教師のメンターの出番です。

「先生のように経験のある方は子どもたちの関係づくりはうまくできると思います。でも、新人の先生には、そういうことがなかなかうまくできません。せめて、学級通信を出して、子どもたち同士の関係づくりをさせていただけませんか？」

と、お願い〈？〉をするのです。

学級通信は、学級づくりの大きな武器になります。学級では毎日、さまざまなことが起きます。それらはよいことばかりではありません。どちらかというと、マイナスの出来事のほうが多いかも知れません。

子どもたちの多くは、そういうことに対して、些細なこととして通り過ぎていきます。いちいち立ち止まって考え直そうとはしてくれません。そうしたことを通信で取り上げて、子どもたちと読み合って、考え直させるのです。学級通信を通して、子どもたちに問題を意識づけさせるということです。

また、子どもたち一人ひとりをよく見ていると、ふとしたときに素晴らしい言動をしていることがあります。それらを認めて学級通信に載せることで、お互いの理解を深めることができます。

「あの子って、こんないいところがあるんだね。」

「へーえ、そんなことしているの、全然知らなかった。すごいね、〇〇さん。」

というように、お互いを少しずつ認め合っていく土壌をつくることができるのです（参考：多賀一郎編著・チーム・ロケットスタート『学級づくり＆授業づくりスキル　学級通信』明治図書）。

## クラスの聞き合いを奨める

子ども同士がお互いの話を聞き合うことができるようになったら、学級経営はもう万全です。人は自分の話をちゃんと聞いてもらえないと、ストレスが積もります。逆に自分の話を大勢が受け止めてくれたと思うと、心の問題の多くは自然と解決に向かうのです。

聞き合うことの重要性を初任者に説いて、理解してもらいましょう。グループでの協同学習をするときに、聞き合っているのだという意識を子どもたちに持たせるように

指導しましょう。さらに、聞き合いのルールも教えて、相手の話を聞くときは、相手の目を見て、うなずきながら、笑顔で聞くようにさせましょう。また、一人の話す時間を決めて、その時間には他の者は口をはさまないというようなルールを徹底させましょう。

## クラスのムードづくりを考えさせる

先生がアンテナを立てて、いつも子どもの善行を見つけようとしていると、そのアンテナに引っかかってくることがあるものです。それらを学級通信で取り上げて、クラスでの共通意識にしていくのです。さらに、教室でどうも誤解されやすい子どもがいたときに、その子のちょっとした素敵な言動を取り上げることで、その子の理解が進むことでしょう。

学級通信に書かなくても、子どもたちの前で取り上げて語ることでもいいのです。先生は自分たちのよいところを見つけて褒めてくれるということが、学級に安心感を生み、温かいムードを醸成することができます。

教師のメンターは、初任者のクラスの子どものよいところを見つけて、担任の先生に伝えてあげましょう。

「○○さんの、こんないいところを見つけたよ。」

「△△さん、こんなことしていたよ。」

と伝えて、そのことを子どもたちに話すように奨めましょう。若い先生の手助けになるでしょう。

## 教師は風を送っている

教室でなんとなくムードが悪いと、子どもたちの気分も上がらないし、どこかピリピリしたような感じが教室に漂います。そんなとき、友達とすれ違うときに肩が触れたらどうなるでしょうか。

「お前、ぶっかっただろう！」

「なにい！」

と、簡単にケンカになることがあります。

それに反して、教室が穏やかで楽しいムードにあふれていたら、すれ違いで肩が触れても、

「あっ、ごめんね。」

「いいよ。」

で済んでしまうのです。

学級のムードをつくるのは教師です。教師が教室に「ジェントル・ウインド」を送っていると、教室は健全に動いていくだろうし、それに対して「イル・ウインド」を送ってばかりいると、子

どもたちはお互いに親和的には動けません。

「ジェントル・ウインド」とは、笑顔、穏やかな語り、楽しいジョークなど、教師が発するさまざまなプラスのメッセージのことです。

「イル・ウインド」とは、不機嫌な顔、怒鳴り声、叱責や説教など、子どもたちのムードを冷えさせてしまうようなメッセージのことです。

横糸ができるためには、教師がいつも教室にいい風を送り込んでいることが大切なのです。初任者が子どもたちの前に立つときには、「ジェントル・ウインド」を意識させましょう。眉間にしわを寄せて教室に向かうことなどないようにさせましょう。

# 第3章
# 子どもについて考える手立てを示す

子どもについて
考えるべきことは山ほどある。
その一つ一つについて、
理解して向き合って
いかねばならないのだ。

# 1　子どもを「つかむ」ための手立てを示す

子どもをつかむための手立ては、ありとあらゆるジャンルにわたっています。どれも大事なことではありますが、初任者にいきなりすべてについて取り組ませるのは酷というものです。

初任者にも個性があって、向いていることと向いていないことがあります。その先生の個性に合っていて、できそうなことから少しずつやってみてごらんと伝えましょう。

## ノート（記録）を無理のないペースでつけさせる

Ａ４のノートを用意します（教師のメンターが買ってきて、プレゼントしたらよいのです）。これは、ぜひともやってほしいと思います。

その２ページ、見開きごとに、クラスの子どもの名前を書き、兄弟関係の有無。家庭環境（ひとり親など）、引継ぎで特に注意を受けたことなどを書きます。これで、個人記録ノートがスタンバイできたわけです。

あとは、毎日あったことを些細なことでもいいから、放課後に職員室で記録するようにさせます。教師のメンターが、

「今日、どんなことがあったか、思い出してごらんなさい。」

と、促せば、10分だけでも、子どもたちの振り返りができるでしょう。全員のことを思い出して書くということはできません。印象に残った出来事だけでもよいのです。

2週間も書き続けていると、たくさん書けている子どもと、ほとんど書けなかった子どもとが出てきます。後者の子どもは、担任の目の届いていない子どもなのです。

そのことを意識させましょう。そうすると、その子たちを意識して見るようになっていきます。

よく見ていると、なんらかの書けることは出てくるものです。そうやって、書くことを増やしていくのです。

半ページも記録が書きあがった頃には、子どもたちへの客観的な理解は少しずつ深まってきます。

それでも、なかなか書けない子どもが出てくるときがあります。担任は初任者ですから、子どもを見る観点というものがまだまだ備わっていないのですね。

そういうときは、教師のメンターから見た子どもについて、記録するように話します。

「子どもはこんなふうに見るんだよ。」

ということを同時に教えることになります。

さらに、記録することが見つからない子どもに対しては、教師のほうから積極的に関わるように指導しましょう。声掛けをさせるのです。そこで二言三言会話ができれば、そのことを記録することができます。

１ヵ月も経てば、子どもたちの記録のノートができあがります。ノートに記録しておかねばならないという気持ちは、子どもたちを「見る」ことにつながります。

教師は子どもをどうしても点で見てしまいがちです。そのときの問題行動などは印象に残りますが、ちょっとした言動などは、１日も経てば忘れてしまうものです。記録をとる習慣が身につけば、子どもを捉えていた点が、線になり、子どもの育ちの経過やその子の言動の特性などが少しずつわかるようになっていきます。

例えば、しょっちゅうキレて、泣き叫んだり、暴れたりする子どもがいたとします。その暴れたときの状況を記録しておけば、

「こういう場面によくキレるんだなぁ。」

と、わかってくることがあります。

子どものキレやすい状況がわかれば、そうならないような手立てを考えることも可能になるでしょう。子どもの記録をとるといっても、初任者はどうしても目立つ問題行動ばかりに目をやって、子どもの悪口みたいなことばかりが記録されがちになるものです。子どものちょっとしたよい言動、当たり前のように見えて、その子の特性をよく現わしていることなどを教えてあげましょう。一緒に子どもの記録をつくっていくという姿勢がよいと思います。

「今日、Aさんは、教室を出るときに、ドアの近くに落ちていたゴミをさっと拾ってゴミ箱に入れていましたよ。」

「お昼休みに外へ遊びに出るとき、Bさんが教室に独りで残っていたCさんに『行こう！』って声を掛けていました。」

などと、初任者の目にもなってアドバイスしてあげることで、

「ああ、そういうところを見ればいいのか。」

と、子どもを見る視点を学ぶこともできます。

さらに、この記録は、保護者との面談のときに役立てることができます。

「○○さんは、4月頃は……でしたけど、6月頃には……になってきています。」

というように、子どもの事実の経過を語ることができます。面談用に準備をする必要がなくなるのですね。

子どもの事実として保護者に語ることは、
「この先生は子どものことをよく見てくれている。」
となって、保護者から信頼を得る大きな力になります。そのことも、初任者には伝えておきましょう。初任者は面談の準備なんて、その直前まで考えることなど皆無なのですから。1年間を見通した指導をしていくことも、教師のメンターの大きな役割です。

子どもの記録については、ノートにこだわる必要はありません。ＩＣＴ機器などの活用もありです。タブレットに「Goodnotes 5」（ノートアプリ）などをダウンロードして、記録用に使ってもいいでしょう。iPad などに保存が可能で、他者がのぞき込む心配もありません。タブレットを使うほうが手軽な若い先生には、そのほうがよいかも知れません。音声入力も可能ですから、書くことに抵抗のある先生は、助かることでしょう。

ただし、この場合、個人情報が記録されるので、家に持ち帰る等ができないことも考えられます。その点はよく考えて活用するように指導しましょう（ノートでも同じことはいえます）。コンプライアンスの面は、初任者が落としがちになることです。教師のメンターが適切にアドバイスしてあげる必要があるでしょう。

## 2　子ども理解のための基礎基本を伝える

教師は子ども理解をしなければなりません。これは、学校教育の基本中の基本です。

初任者の中には、大学などで心理学やソーシャルスキル、コーチングなどを学んできている先生がいるかも知れません。これからは、そういう初任者がまちがいなく増えていくと考えられます。そうすると、理論的には、教師のメンターよりも詳しく子ども理解をしている面があることでしょう。

それでも、実際の子どもたちを理解するということは、実践経験を通していないと、わかりにくいものです。本や講義で学んだことと、実際の姿とは、少し違うところがあるものです。実践を積み重ねる中で、理論と実態が重なって、わかってくるのです。

子ども理解をするための基礎基本というものがあります。それらを少しずつ教えていきましょう。これは、失敗を繰り返しながら少しずつ身につけていくべきものだと思います。教育に王道はありません。小さなことから一歩ずつ学んでいかせましょう。

前項で述べた「ノートに記録すること」もその手立ての一つです。他にもさまざまな手立てで子どもを理解していくのだと、少しずつ教えていきましょう。

## 子どもの声を聞ききるように

教師は忙しいです。子どもたちの話をなかなかきちんと聞ききることが難しい存在です。そのうえ、子どもたちは一度に大勢が言いに来たり、話し方もつたなくて聞いていてイライラしてしまうような話し方をしたりするものです。

子どもの話を聞ききるというのは、とても難しいことだと思います。

子どもの話の聞き方には、「イワシ聞き」と「クジラ聞き」というものがあります。イワシ聞きは、イワシのように小さな口で少しずつちょんちょんとかいつまんで聞くという聞き方です。

「あなたの言いたいことは、こうこうこういうことでしょ。」

と、子どもの話を教師が聞きかじって、まとめてしまうような聞き方です。この聞き方だと、最後まで聞ききることはできません。

子どもの話というものは、繰り返し言いますが、つたないものです。言い方も要領を得ないものです。低学年ほどその傾向が強いですが、当たり前のことですよね。1年生が理路整然と現状を報告して自分の考えを的確にまとめて話すなどということは、逆にあり得ないし、あったとしたら、おかしなことですよね。

そのいいかげんな話をきちんと最後までまるごと聞ききるのが、クジラ聞きです。クジラは丸ごと餌を飲み込んでしまいます。それと同じように、子どもの話を全部聞きとってしまうことが大切なのです。

聞ききってもらえたと感じたら、子どもたちはそれだけで満足してしまうものです。子どもが持ち込んでくる問題の半分は聞ききってしまうことで解決できてしまうといっても過言ではないでしょう。

初任の先生の子どもの話の聞き方を観察してみてください。最後まで話を聞ききっているかどうかをよく見ておきましょう。そして、クジラ聞きができるように話してあげましょう。

## 子どもの訴えの聞き方

子どもたちは、教師にさまざまなことを訴えてきます。

つまらなくて他愛もないことから、深刻なことまで。聞くほどのこともないような話もあります。ただ先生と話したいだけのときもあるでしょう。そして、一度にたくさんの子どもたちが話にやってくる場合があります。一組の子どもたちの話を聞いていたら、その間じっと並んで待ってくれていということは、まずありません。

「もういいよ。」

と言って、子どもはさっさとどこかへ行ってしまうものです。

三組も四組も相手にすることはできませんが、一組だけが待っていたら、一声、

「この話が終わったら、次ね。ちょっと待っていてください。」

と声を掛けておきましょう。

この「一声掛ける」ということが重要なのです。

「先生はあなた（たち）のことをちゃんと考えていますよ。」

というメッセージになるのです。

そして、一組目の話が終わってから、

「どうしたの？」

と、声を掛けるのです。

声を掛けておくということは、子どもたちの訴えを聞くために、有効な手立てとなります。

子どもたちは、みんながみんな言いたいことがあったら、先生のところへやってきて話をするというものではありません。子どもにはいろんなタイプがいて、話はしたくても、先生のところへすぐに行って話しかけることを躊躇する子どもは、必ず教室にはいるものです。

**♪汽車の窓から手をにぎり、送ってくれた人よりも**
**ホームの陰で泣いていた　可愛いあの娘が忘らりょか♪**

「ズンドコ節」（海軍小唄）の一節です。

僕はいつも、この歌詞を頭において子どもたちを見るように心がけてきました。

いつも話をしに集まってきてくれる子どもたちの陰に隠れて、うらやましそうに見ている子どもがいるんじゃないかなと思って、教室を見回していました。

そういう子どもにはこちらから近づいて、世間話をするようにしていました。初任者は、若いというだけで、子どもたちには人気のある場合が多いのです。どうしても、先生の周りに取り囲みができてしまいがちです。だからこそ、指をくわえて黙って見ているような子どもがいないかを、いつも意識しておくことが大切だと教えましょう。

# 3　時間を有効に使わせる

## 忙しくていろいろなことはできない

初任者は、最初の日から、
「教師って、こんなにいろいろと忙しい雑務があるんだ。」
と、驚くようです。

実際、4月当初のあまりにも雑務の煩雑さに、教師としての仕事に不安を感じて、始業式までに辞職してしまう先生方が毎年のようにいます。

これらは、初任者指導教員や管理職、学年団の先生たちが、初任者の様子に目を向けず、アップアップしかかっているのを、スルーしたり、「さっさとやるべきことはやりなさい」というような厳しい指導をしたりした場合が多いようです。初任者が早期に離脱するのは、初任者を育てる環境がはじめから不足していたと考えざるを得ません。

ともかく、教師は年度当初から、忙しいのです。いろいろな取り組みを自分の考えでやっていくには、少し経験年数が必要なのです。

雑務については、少し手助けをしてあげましょう。校務分掌などは、完全にこちらでやってしまうと、仕事を覚えることができませんから、「こういうふうにしたらいい」というアドバイスにとどめましょう。

## 若手には優先順位はわからない

仕事には常に優先順位というものがあります。ベテランは、その順番を心得ていて、後回しにできることと、今すぐやらねばならないこととの区別をつけています。しかし、若い先生には、優先順位というものがあることすら、わかりません。

教師の新年度のスタートでの優先順位とは、何でしょうか？

それは、対子どもに関することに決まっています。子どもたちの前でする挨拶、といいますか、最初のプレゼンテーションは、最優先です。雑務に追われて、子どもたちとのファーストコンタクトがなんのインパクトもないものに終わったら、しかもそれを3日間続けてしまったら、それだけで学級づくりの第一歩から大きく出遅れてしまいます。

最初の3日間に何を話すかは、考えさせておきましょう。配付物を配って、

「はい、明日から元気に学校に来てください。」

などという言葉で終わったら、子どもたちはどう思うでしょうか。家に帰って保護者に聞かれたら、なんと言うのでしょうか。

スタートのつまずきが1年間に大きく影響します。少なくとも、初期のテイクオフには失敗してしまいますよね。

子どものことが最優先だと指導しましょう。まず、子どもたちに何を話すのか、どういうことを伝えていくのかということを一緒に考えて、言葉にしてまとめさせましょう。

## 時間で切ることも教える

伊丹市の小学校で指導助言をしたあと、校長室で若手の話を聞く機会がありました。校長が二人の初任と2年目の先生の相談にのってほしいというのです。

二人は毎日がしんどくて、仕事が終わらないとこぼしていました。

「何時に帰っているの？」

とたずねると、学校を出るのが8時過ぎになるというのです。

「その頃には、周りのお店も全部閉まっているんじゃないの？　帰りにちょっと寄ってだべったりすることもできないでしょ。6時半には仕事を切り上げて学校を出なさい。」

と言うと、

「先生、それでは次の日の準備ができません。」

と言うのです。

「じゃあ、8時過ぎまで残ってがんばったら、次の日の準備は完璧にできてしまうっていうことかな？」

と聞くと、不安げに首を横に振りました。

「いくら時間をとっても、準備なんて完璧にはできません。授業は常に見切り発車なんですよ。ですから、時間で区切りなさい。そこまでで十分にできなかったら、できないままで教壇に立ってもいいのです。自分のゆったりする時間をとることが最優先です。次の日に元気に子どもたちの前に立つことのほうが、ちょっとぐらい授業の準備ができることよりも、ずっと大切なことです。どうせ大した授業はまだまだできないのだから、時間で切り上げて、帰りに二人で通りにあるケーキ屋さんにでも寄って、お茶して帰りなさい。」

と言いました。

それを聞いていた校長さんが、

「あなたたち、今日は6時半に仕事を終えて、学校を出ましょう。私がケーキをおごってあげるから。」

と言ってくださいました。

完璧にできもしないことに、だらだらと時間をかけてしまって、若い先生方は自分自身をどんどん疲弊させてしまうのです。家に帰ったら、バタンキューで、お風呂にもゆっくり入れずに、食事もろくにとっていないなんていう初任者は多いものです。特に実家から通わずに単身で暮らしている初任者には、要注意です。

教師の指導者は、何度もいうようにメンターでもあります。若手の心身の健康状態をよく見て、時間を調整するように指導しましょう。何かが足りなくても、仕方がないのです。そのうちに慣れてきてできるようになってくるものですから。

# 第4章
# 教室の「あの子」への対応を教える

インクルーシブ教育が謳われている。

これは、

現代の学校教育における

大きな課題で、現場では、

頭を悩ませていることが

多いものだ。

　ここ数年、教室の「あの子」（気になる子）の問題が、学校現場で大きくクローズアップされるようになってきました。現在、発達障碍の子どもの割合が急増しています。それについては、いろいろな考え方があって、正確な数字というものはわかりません。しかし、現場の実感としては、明らかに増えているなぁという感じです。

　いろいろな学校を回っていると、初任の先生が「あの子」への対応に苦慮しているという話をよく聞きます。多くの場合、「あの子」の言動を強化してしまう指導があって、それが次第に自分自身を苦しめていくみたいです。

　初任者だって、きつく叱ったり大声をあげたりすることが、結果としてよくないだろうということは、わかっているのです。でも、ついやってしまうので、そういう自分自身が嫌になって、苦しむのです。

　さらに、現場にはさまざまな考え方の先生がいて、いわゆる「ビシッと厳しくしなさい。甘いことをやっていたらダメだ」というような強圧的指導を求める先生方もおられます。そういう中で、初任者には、どのようなアドバイスをしていけばよいのでしょうか。

## 1　落ち着きのない子どもの扱いが学級を崩す可能性がある

ある初任の先生の1年生のクラスに、落ち着きのない子どもがいました。

身体測定でみんなが保健室前の廊下に並んでいたら、その子だけ廊下に寝転がってぶつぶつ言っていました。

いわゆる勝手な行動をとるので、クラスをしょっちゅう乱していました。じっと座っていることが苦手で、しょっちゅう離席して他の子にちょっかいを出していました。

その先生は、無理やり座らせたり、大声で叱ったりはしませんでした。優しく注意するだけなのです。

同学年のベテラン教師たちは、

「そういう甘いやり方をするから、子どもが増長するんだ。」

と、否定的でした。

僕は、(初任者指導教員として)彼にこう言いました。

「あなたのやり方は間違っていないよ。子どもとの関係を穏やかで丁寧につくろうとしている。でも、あなたのやり方は、成果をあげるまでに時間が掛かるんだよ。方向は間違っていないから、そのままのやり方でいきなさい。」

　彼は辛抱強くその子とのコミュニケーションをとりながら、決して怒鳴らずにやっていきました。そして、その子のよいところを褒めていきました。

　２学期の半ば頃から、少しずつその子の様子が変わっていきました。彼の注意に対しては、素直に聞き入れたり、他の子どもの手助けをしたりと、よい面が目立つようになっていきました。友達への問題行動についても、目に見えて減っていきました。

　時間は掛かるが、穏やかで丁寧な指導、子どもと時間を掛けてつきあっていこうという教師の姿勢が、その子を変えていったのだと思っています。

　学級経営がうまくいくには、周りが黙って見守っていくことが重要です。しかし、こんなふうにうまくいくことは、ごくまれで、たいていは子どもの対応に失敗して、どんどん学級がおかしくなっていくのです。

　先生の大声が増え、注意ばかりが目立つようになり、ついには、学級が崩れていってしまいます。やっている本人もこれではいけないと思いながらも、結局は大声を出してしまい、そういう自分に対して自己嫌悪に陥る先生もいます。

　だいたい、一人か二人の「あの子」の対応に追われ、他の子どもたちへのケアがおろそかになっていくのです。教室は一人や二人の子どもによって崩れることはありません。その他の子どもたちに対して何をするのかで決まるのです。

ある先生のクラスにすぐにキレて暴れる子どもがいました。担任の先生はよくその子を廊下に連れ出して指導をしていました、授業中に。その間、他の子どもたちは放ったらかしになっていました。

先生は教室に戻ったあと、

「じゃあ、続きをはじめます。」

と言うだけで、

「さあ授業再開だ。」

となりましたが、子どもたちは何ともいえない複雑な表情をしていました。

こういうことが繰り返されていくと、子どもたちに先生不信が募っていきます。溜まっていた不満がいつか爆発して学級崩壊に向かうのです。

僕は、彼に二つのことを指導しました。

一つ目は、「あの子」に対する指導で、廊下に出てよく

話を聞いてあげてクールダウンさせるのは正解だということ。ただし、そこで先生が叱責したり怒鳴りつけたりすることは、逆効果を生むだろうということは、おさえておかねばなりません。

二つ目は、「あの子」以外の教室で待っている子どもたちの思いを考えること。先生と「あの子」がしょっちゅう廊下に出て話をしていると、他の子どもたちは、はっきりいってつまらないと思うでしょう。静かに座って待っておくなどということは、短く単発ならできても、繰り返し長時間にわたるとできるものではありません。

ですから、子どもたちにそういうときにするべきことを指示しておくことが大切です。課題を出すとか、話し合いを自分たちで継続するとかです。

そして、何よりも大事なのは、戻ってきてからの第一声です。子どもたちがちゃんとおとなしく課題をしていたら、そのことを絶賛するとともに、先生不在の教室でしっかりと学習していたのですから、「ありがとう」の感謝の気持ちを伝えることです。

そうすることは、先生のいないところでがんばった子どもたちの行為の価値を認めることなのです。その価値言が子どもたちの心に届いたら、次の機会につながっていくことでしょう。

初任者指導教員は、もちろん「あの子」への対応の仕方にも相談にのらなければなりませんが、若い先生が陥りがちな「他の子どもたちへの指導不足」というところへ目を向けさせて、具体的に掛ける言葉やタイミングなどを教えていくべきだと思います。

若い先生はどうしても見える範囲が狭くて、目の前のことにしか目が向かなくなりますから、視野を広げてあげる必要があるのです。

## 2　一人では対応しないように

教室の「あの子」に対することはとても難しくて、初任者には荷が重いことです。独りでがんばってやっていこうとすることは大切な心構えですが、特に「あの子」への対応については無理なことが多いです。

独りでかかえこまずに、同学年の先生や場合によっては管理職に相談して一緒に考えてもらうように示唆しましょう。

実際、授業中に教室を飛び出していったとしたら、もう初任の先生にはどうしようもありません。クラスの子どもを放っておいてその子を追いかけていって、その間、クラスの子どもたちは放ったらかしという状態になります。支援の先生がついてくださっていたら、その方にお願いするしかないのです。

保護者にどう話していけばいいのかなんて、初任者にいい言葉が浮かぶはずはありません。ケース会議を開いて、いろんな先生方に加わっていただいて、みなさんに助けを求めるように指導しましょう。

## 3　その子にばかり気持ちがいかないようにフォローする

教室の「あの子」に手をとられているうちに、学級が崩れていくということは、これまでも述べました。教師は、どんな先生であっても、すべての子どもたちに元気で楽しく学校に来てほしいという願いを持っています。ですから、教室の「あの子」のこともなんとかしようと一生懸命にがんばります。その一人の子どもに精力を注ぎこんでいる間に、クラスの他の子どもたちが先生から離れていくことがあります。

いつもその子どものために学級が止まったり、授業が進まなくなったりすると、他の子どもたちは不満を持っていくのです。その結果、学級としては崩れていきます。その子に対する視線が冷たくなり、「あいつさえいなければ……」というような気持ちを抱く子どもたちが増えてきます。

その視線を敏感に感じとるのが、教室の「あの子」たちの特徴です。彼らは鈍感なのではなく、他人以上に敏感なのですから。そうすると、「どうせおれのことなんか……」という思いが強くなっていき、他の子どもたちから浮いてしまうことも多いのです。

学級に冷たくてぎすぎすした空気が流れます。そんな空気の中で、「仲の良いクラス」「なんでも言い合えるクラス」「思いやりのあるクラス」が育つわけはありません。

「あの子」のことに関わりすぎて、他の子どもたちのことが疎かにならないように指導しましょう。具体的には、他の子どもたちと対話する時間をとることです。授業を進めることよりも、大事なことだと思います。

さらに、「あの子」についての理解もできるように、子どもたちに話していきましょう。

「○○くんは、こんなときにカッとなっちゃうよね。そうなりかけたとき、みんなはどうすればいいと思う？」

などと問いかけて、子どもたちと一緒に考えていくという姿勢をつくらせましょう。

# 第5章
# 些事だけど、考えておくべき基本とは？

学級って、

実は小さなことの

積み重ねで決まっていくのだ。

些細だが、

重要なことがいくつもある。

そのことは意識しておくべきだ。

## 1　掃除をさぼる子どもは必ず出てくる

日本の国では、掃除のない学校はないでしょう。どこの学校でも、清掃の時間があり、子どもたちは掃除にいそしみます。

しかし、掃除をさぼる子どもは、必ず出てきます。先生が注意するだけで解決する場合も多いでしょう。でも、子どもは同じことを繰り返します。厳しく注意しても、またさぼるものです。

カリスマ教師の土作彰さんは、掃除をさせないという手段をとっていました。「掃除をさせてもらえる権利をはく奪する」というやりかたです。

でも、これはよほど教師に力がないと、子どもたちは離れていってしまいます。こういうやり方は、自信のない若手には奨められません。結局は、丁寧に子どもたちと話し合っていくことが大事だと伝えましょう。粘り強く丁寧にさぼる子どもと話していくことが大切です。

絶対にさぼることは許さないという教師の強い姿勢も大切ですが、掃除の意義を教えることも必要です。

例えば、「ブロークンウィンドウ理論」というものがあります。「建物の窓が割れている状況は、犯罪に配慮していない場所という意識を増長させ、犯罪発生率を増加させる」というものです。

この理論に基づいてニューヨークで大規模な地下鉄の落書き清掃を行った結果、地下鉄内での犯罪が大幅に減少したという話もあります。

こういう話を子ども向けにやさしく言い換えて話をさせることで、掃除の大切さを教えさせるということもありです。

僕は「自根清浄」という言葉を使って、子どもたちに、

「掃除をしたら、気持ちよくなるでしょ。きれいにしたら、心がすっきりとする。掃除は、自分の心をきれいにすることなんだよ。」

と子どもたちに伝えていました。

若い先生なりに工夫してもいいし、こういう話を真似て話させてもいいでしょう。いずれにしても、「なぜ掃除をすることが大事なのか」ということを子どもたちに話してきかせることを奨めましょう。

## 2　宿題忘れにはどう対応するのか

宿題を忘れてきた子どもにどうするかは、若い先生なら誰もが悩むことです。いや、ベテラン

だって、この問題には頭を抱えている先生は多いと思います。なぜなら、決定的に宿題を忘れさせないようにする方法などないからです。

宿題忘れを厳しく指導する先生もいらっしゃいます。ひどい先生は、黒板に名前を書いてラベリングすることもします。

「宿題を忘れる者の人権は認めない」なんて言う先生もいます。

でも、こういう厳しい指導をしても、忘れる子は忘れるんです。逆に忘れない子どもがそういう対応を見て、

「自分はあんな目に遭いたくない。」

と、緊張するだけだと思います。

まず、宿題に反復練習などを持ち込むと、する子どもとしない子どもとの間に学力差がどんどん生じます。だいたい宿題をしない子どもたちは、学力的にしんどい子どもが多いものです。宿題を出せば出すほど学力差が広がります。学力は学校でつけるのだということを、忘れないようにさせましょう。

したがって、宿題は個人が自分で課題をつくってやってくるような自由度のあるものがいいと思います。

僕ならば、宿題忘れは軽く注意して終わりです。どうしてもしない子どもに、強制することは

しません。

　そもそも、宿題をなぜしなくてはならないかという話もしないといけません。子どもたちは「どうして宿題をしないといけないの?」という疑問を持っています。ときには、先生にたずねてきます。その疑問に答えるだけの話をすることができないと、子どもたちは納得して宿題をするようにはならないのです。

　そして、これはよく先生方がやってしまいがちなことなのですが、宿題を忘れたら、

「なんで忘れたんだ!」

と、理由をたずねる方がいらっしゃいます。

　そんなことをたずねるのは、全く無意味ですね。ちゃんとした理由なんてあるわけがないのです。さぼったか、忘れていたかのどちらかなんだから。

　理由をたずねられて、追い詰められた子どもが、

「家でやってるけど、置いてきてしまいました。」

なんて嘘をついてしまい、お家に連絡するとか言って、嘘がばれたら、

「嘘を言うな。先生は忘れたことよりも、嘘をついたこ

とが許せない。」

などと言うんですよね。嘘をつかせたのは、子どもを問い詰めた自分なのに……。

子どもに宿題忘れの理由を問い詰めることよりも、どうしたら忘れなくなるかを考えさせるほうが生産的だと指導しましょう。

## 3　下足箱やロッカーの整理整頓は誰がする？

まず下足箱ですが、これは、放課後見に行って、靴がきれいに並んでいなければ、先生がきれいに整頓すればいいのです。靴の数なんてたかが30そこそこなんだから、しれています。全員が靴をぐじゃぐじゃに入れているなんてことはないのだから、数個だけ整理すればよいのです。

次の日、子どもたちが学校に来ると、靴がきれいに並んだ靴箱がいつもあるというのは、気持ちいいことだと思いませんか。

「そうしたら、子どもたちが自分たちできれいにしなくなる。」

なんて思わなくてもいいのです。

いつもきれいなものを見ていたら、汚したり崩したりしたくなくなるものですよ。だいたい、子どもたちが自分たちで直すようになっていきますよ。

荒れたクラスはロッカーの整理ができていなくて、ぐじゃぐじゃです。まずは、きちんとそろえたロッカーの写真を撮り、拡大してロッカーの上に掲示しておくようにさせましょう。具体的に視覚で捉えさせるというのは効果的な方法です。

そして、きれいに整理できている子どものロッカーを褒めるように言いましょう。いつもきれいに片付いていているロッカーに対して、月ごとに合格シールなんかを貼ってもいいですね。

教室には、どうしても片付けに時間が掛かったり、きちんと整理整頓できなかったりする子どもがいるものです。注意していたら、きりがありませんし、繰り返し注意することで、その子の自己肯定感は下がりっぱなしになります。

先生が一緒に片づけをしてやればいいのです。子どもにさせないといけないというのは、当然の考え方です。若い先生はそのことを指導してきちんとさせようとやっきになってしまいます。片づけがなかなかできない子どもに対しては、少し待ってあげて、それでもできそうになかったら、一緒にしてあげればよいのだと教えてあげましょう。

## 4　もの隠しが起こったときの考え方

もの隠しが起こることがあります。誰が担任していても、起こりうる話です。

文房具がなくなる。上靴がなくなる。さらにエスカレートすると、廊下に貼りだした作品や写真の顔に押しピンが刺されているなんてこともあります。

僕も何度も経験しました。

低学年だと、みんなで探すとすぐに出てくることも多いです。

「みんなで一緒に探しましょう。」

と言うと、一人の女の子がさっさと階段を降りていくので、後ろからそっとついていってみると、
先生の靴箱の空いているはずのところに一直線。そして、

「ありました！」

と、上靴を高く掲げたのです。

丸わかりですよね。

でも、僕は、

「あなたが隠したんでしょ。」

とは言いませんでした。

犯人さがしはしないことです。教師は警察でも裁判官でもないということを忘れてはいけません。でも、あまりにも繰り返されるときは、目星をつけて、さりげなく止めさせるようにします。

はっきりと、

「お前がやったんだろう。」

と言ってはいけません。なんとなく「わかっているから、もうやめたらどう？」という感じを伝えるのです。

それから、本人がやっている場合もあるので、気をつけないといけません。満たされないんでしょうねぇ。自分でやって、先生に慰めてもらう。友だちに心配してもらいたい。そういう気持ちがあるんですね。

基本の考え方は、被害者の心を守るということです。先生がやられた子どもの心のケアに専心することです。被害者を手厚くしたら、意地悪で靴隠ししていた子どもは、ばかばかしくなりますよ。もの隠しによるダメージをできるだけ少なくすることですね。

## 5　校外学習の心得

校外学習の引率に行くときに、一番大切なことは何でしょうか？

それは、安全に行って安全に帰ってくることにほかなりません。

遠足、社会見学、宿泊学習など、学校にはさまざまな校外学習がありますが、どんなに立派な学習ができても、子どもがケガをしたり、危険な目に遭ったりすれば、意味はなくなってしまうのです。

教師は子どもたちを引率していきます。たいてい独りで引率ということはあり得ません。列の前と後ろと2手にわかれて歩きます。

道を横断するときには、先頭の子どもに、

「あそこ（何か目印になるものを指さして）まで行ったら、そこで止まっていなさい。」

と指示をします。

それで、道路の真ん中に立って、車を確認しながら、子どもたちを誘導します。

そのうちに、後ろの先生が前にやってきて、交代するのです。

公共交通機関を利用するときは、車内で、ドアの前に固まって立たないようにしないと、降車、乗車ともに乗客に迷惑が掛かるので、気をつけさせます。

大声で話すのは、もっての他です。

そういうルールやマナーのことを注意して回らなければ

いけないので、子どもたちと楽しく談笑していてはいけないと、教えましょう。

# 第6章
# メンタルの保ち方も教えよう

精神疾患で休職、退職する
教師の数は、毎年、
ものすごい数*になってきている。
メンタルを自分で保てるような
手立てを教える時代に
きているということだ。

＊文部科学省「令和４年度学校教員統計中間報告」によると、2021年度に精神疾患を理由に離職した公立小中高校の教員は953人に上り、過去最多となっている。

# 1　まじめな人が多いから、自分を追い詰めさせない

教師になった人たちは基本的にまじめで善良な人が多いものです。子どもたちに日々接する仕事なのだから、それは、大切な資質だと思います。

しかし、若くして早期退職する人たちの中に、まじめに考えすぎて自分を追い込んでしまう先生がいるのです。

教室の「あの子」の扱いに心身ともに疲れ果てて、教師を辞めたいともらす初任者がいました。

「自分は教師に向いていない。」と言うのです。

自分が教師に向いているかどうかなんて、僕は毎年のように思いながら、教師人生を歩んできました。どんな教師だって、子どものことで失敗をしてしまったとき、保護者にクレームをつけられたとき等、しょっちゅう思うことなんですよ。

毎日、毎時間、「あの子」に振り回されて、必死にがんばっているけど、少しも改善されないとなったら、落ち込んでいきますよね。

僕は彼に言いました。

「○○君のことは、すべて君の責任なのだろうか？　考えてみようよ。まず、「あの子」のご両

親にはなにも責任はないのだろうか？　ご両親がどれほど努力しているか考えてごらんよ。お父さんは、怒鳴りつけるだけなんでしょ。そんなことばかりしていて、学校で彼がおとなしくしていられるはずがないじゃないの。それから、扱いの難しいあの子がいるのをわかっていて、初任者のあなたをクラスの担任に配置した管理職には責任はないのだろうか？　そして、もう4年生にもなったのだから、あの子自身にも責任がある。こう考えてくると、君が感じるべき責任は何パーセントぐらいだと思いますか？」

と言うと、

「30パーセントぐらいですかね。」

と言いました。

「そうだね、そんなものでしょう。たった30パーセントしか責任がないことに対して、辞めるほど自分を否定しなくてもいいんじゃないか。」

と話して、彼も納得したようでした。

教師はどうしても、すべてのことに対して責任を感じてしまいます。しかし、クラスのすべての子どもたちを健全に育て、お家の方も絶対的に協力できるようにして、子どもたちが理想的な姿になっていくなんてことが、はたして、一人の人間に可能なことでしょうか。

無理です。

教師には限界があります。できないことはあるのです。教師は万能ではありません。経験を重ねていけば、研鑽を積んでいれば、できることは少しずつ増えていきますが、初任者にはそういう蓄積がありません。アドバンテージが全くないといってもよいでしょう。

そのことを意識させましょう。基本的にできなくて当たり前なのだと納得させましょう。できない自分を責めるのではなく、今の自分にできることを考えさせて、それで十分だと伝えましょう。

## 2　何を聞いていいのかわからないということを理解しよう

僕が新卒のとき、（僕は初任の赴任先が神戸大学附属住吉小学校で、周りは優れた実践家ばかりでした。）先輩の先生方は、口々に、

「わからないことがあったら、なんでも聞いてください。」

と、おっしゃってくださいました。

しかし、何を聞いていいのかがわかりません。本当にわからないのです。

あるとき、ロッカーで着替えていたら、体育の先生が、

「なんでも聞いてくださいって言われても、何を聞いたらいいのかがわからないでしょう。」と笑って言ってくださいました。

僕は、それを聞いてほっとしたのです。まさしく、僕の気持ちをわかっていただいた言葉でした。

わからないんですよ、何を聞いたらいいのかが。そして、そのことにもジレンマを感じてしまうのです。

初任者は、そんな状態なのです。ですから、足りないことがあっても、そのままにしてしまうし、失敗しても、その原因はわからないのです。

わからないのが当たり前だけど、何を聞いたらうまくいくのか、わからない、というのが、初任者の実態ではないでしょうか。

暗闇を手探りで歩いているような気持ちにかられるときがあるのです。

教師のメンターは、このような初任者にどのように接してあげればよいのでしょうか？

子どもたちを担任しているときのことを、思い出してください。自分で何をしたらよいのかわかっていない子どもに、どう接してきたのかを。

まずは、子どもとの関係づくりを優先していませんでしたか？　ともかく関係づくりができてからでないと、本格的に教育などできないと思っていませんでしたか？

また、子どもたち相手に、

「自分はえらい先生なんだから、言うことを聞きなさい。」

なんて言いませんよね。

教師のメンターが初任者に接するときも同じことです。指導することよりも、初任者との関係づくりを最優先するべきだと思います。

初任者との関係ができてくると、指導が本格的にスタートするのではないでしょうか。

# おわりに

大学卒業前に、富山でのセミナーに参加している学生がいました。聞けば、島根から京都へ単身赴任で就職が決まったとのこと。ところが、彼女の行く小学校は、兵庫県に住む僕でさえも知っているほどのものすごい困難校だったのです。さらに、新卒に5年生担任を持たせるというのです。これは問題ありだなと思いました。

僕は彼女に連絡先を伝えて、よかったら、相談にのるよと伝えました。

結局、2週間に1回、大阪の梅田で昼間に会って、洋食屋の「スエヒロ」で食事をおごったあと、国語や社会の授業の相談などにのっていました。

2学期がはじまって少し経ったとき、ものすごいモンスターペアレントにやられました。どうやら、その保護者の存在があったから、誰もそのクラスを持ちたがらないので、初任者の彼女が担任に回されたらしいのです。

理不尽な攻撃を毎日のように受けて、「もうこの子は続けるのは、無理かも知れないなぁ」と思っていたとき、彼女が泣きながら電話してきました。

「今日、学校に行ったら、机に手紙が置いてありました。そこには、『先生、この頃暗いね。私は先生のこと大好きだし、うちのお母さんも先生のことといい先生だと言っているよ。先生、がんばってね。』と書いてありました。」

と言う彼女の声は、はずんでいました。

このあと、モンスターは地元の有力者に説得されて収まったのですが、彼女を支えたのは、間違いなく、子どもからのメッセージでした。教師は何が辛くても、子どもたちの応援があれば、やっていけるのです。

さらに、保健の先生と家庭科の先生たちが、タッパーにお惣菜などを入れて渡してくれていたそうです。こういう先輩教師の横からのサポートも、彼女を支えたのだと思っています。

教師のメンターは、初任者に「子どもとよく付き合う」ことを第一義に教えるべきです。そして、周りにいる先生方すべてが少しずつ初任者教育に関わってほしいのです。地域の宝物である初任者が、後々大きく羽ばたけるように。

2024年　冬　♪「酔いどれ知らず」（メガテラ・ゼロ）を聴きながら

多賀　一郎

**多賀一郎**（たが・いちろう）
教育アドバイザー。神戸大学附属小学校を経て私立小学校に永年勤務。追手門小学校では８年間にわたって、若手教師の育成を手がけてきた。全国各地の学校現場に入って、指導するほか、親塾や絵本の会なども主催している。著書に『全員を聞く子どもにする教室の作り方』（黎明書房）『ヒドゥンカリキュラム入門』（明治図書）苫野一徳氏との共著『問い続ける教師―教育の哲学×教師の哲学』武田信子氏との共著『教師の育て方　大学の教師教育×学校の教師教育』（以上、学事出版）ほか多数。

**先輩教師になったら読む学級経営の本**

2024年２月29日　初版第１刷発行

著　者　多賀一郎
発行者　鈴木宣昭
発行所　学事出版株式会社
〒101-0051　東京都千代田区神田神保町1-2-5
TEL：03-3518-9655／URL：https:/www. gakuji. co. jp

編集担当　加藤　愛
表紙・本文イラスト　いわいざこ　まゆ
印刷製本　精文堂印刷株式会社


ISBN978-4-7619-2991-6 C3037